中职升学考试丛书

全新修订

汽车电气设备构造与维修同步练习

QICHE DIANQI SHEBEI GOUZAO YU WEIXIU TONGBU LIANXI

主　编　谭　晟　宋雨彤
副主编　杨海山　高翠平　何　鸿　黄德发
参　编　李　俊　蒋斗鑫　郎兴洪　周　烨
陈　庆　刘晓华　陆　瑞　吴国强
王秋实　苌群鹏

重庆大学出版社

图书在版编目(CIP)数据

汽车电气设备构造与维修同步练习 / 谭晟，宋雨彤主编. -- 重庆 : 重庆大学出版社，2023.7(2025.8 重印)

(中职升学考试丛书)

ISBN 978-7-5689-3990-4

Ⅰ. ①汽… Ⅱ. ①谭… ②宋… Ⅲ. ①汽车—电气设备—构造—中等专业学校—习题集—升学参考资料②汽车—电气设备—车辆修理—中等专业学校—习题集—升学参考资料 Ⅳ. ①U472.41-44

中国国家版本馆 CIP 数据核字(2023)第 112246 号

汽车电气设备构造与维修同步练习

主　编　谭　晟　宋雨彤

责任编辑:章　可　　版式设计:章　可

责任校对:刘志刚　　责任印制:赵　晟

*

重庆大学出版社出版发行

社址:重庆市沙坪坝区大学城西路 21 号

邮编:401331

电话:(023) 88617190　88617185(中小学)

传真:(023) 88617186　88617166

网址:http://www.cqup.com.cn

邮箱:fxk@ cqup.com.cn (营销中心)

全国新华书店经销

重庆魏承印务有限公司印刷

*

开本:787mm×1092mm　1/16　印张:6　字数:133千

2023 年 7 月第 1 版　2025 年 8 月第 5 次印刷

ISBN 978-7-5689-3990-4　定价:19.00 元

目录

绪　论

教学目标

1. 了解汽车电气设备构造与检修课程的整体框架。
2. 了解汽车电气设备的系统分类。
3. 了解汽车电气设备的共同特点。

教学目标项目表

知识要点	认知要求		
	了解	熟悉	掌握
1. 电源系统概述	√		
2. 起动系统概述	√		
3. 点火系统概述	√		
4. 照明、信号、仪表、警报系统概述	√		
5. 辅助电气设备概述	√		
6. 汽车电气设备的共同特点		√	

一、填空题

1. 常规汽车电气设备主要有__________、__________、__________、__________、__________5 个部分。

2. 电源系统的作用是向全车用电设备提供__________电能。

3. 起动系统的作用是能带动__________以足够高的__________运转以便起动__________。

4. 点火系统的作用是在__________机气缸中适时可靠地产生足够强的电火花，以便点燃气缸中的__________。

5. 照明、信号、仪表、警报系统主要由________、________、________、________、________、________等组成。

6. 汽车种类繁多，但常规汽车电气设备都有________、________、________、________的共同特点。

7. 汽车的两个电源中，主电源是________，辅助电源是________。

8. 采用并联电路能确保各支路电气设备相互________，布线清晰、________、节约导线、________。

二、单选题

1. 以下哪项不属于并联电路的优点？(　　)

A. 能确保各支路电气设备相互独立控制

B. 布线清晰、安装方便

C. 节约导线、维修简便

D. 实现一键控制所有用电设备

2. 以下哪项不属于负极搭铁的优点？(　　)

A. 减少蓄电池电缆铜端子在车架、车身连接处的化学腐蚀，提高搭铁可靠性

B. 统一标准，便于汽车电气设备的生产、使用和维修

C. 提高蓄电池性能

D. 实现汽车电气设备单线制

3. 以下不属于辅助电气设备的是(　　)。

A. 汽车空调　　B. 电动转向系统　　C. 电动门窗　　D. 电动座椅

4. 以下可以作为公共搭铁端的是(　　)。

A. 车架　　B. 钣金件　　C. 挂车　　D. 非金属零件

5. 汽车的主电源是(　　)。

A. 发动机　　B. 发电机　　C. 蓄电池　　D. 起动机

三、判断题

1. 汽车蓄电池和发电机都直接供应直流电。(　　)

2. 点火系统用来点燃气缸中的纯汽油。(　　)

3. 照明、信号、仪表、警报系统可以提供有关车辆存在和运行状态的信息。(　　)

4. 24 V 电属于高压电。(　　)

5. 为减少蓄电池电缆铜端子在车架、车身连接处的化学腐蚀，提高搭铁可靠性，统一标准，便于汽车电气设备的生产、使用和维修，汽车电气系统取消了负极。(　　)

6. 汽车上的用电设备有些是串联的，有些是并联的。(　　)

四、综合题

1. 汽车电气设备由哪些系统组成？

2. 汽车电气设备有哪些共同特点？

第一章　电源系统

教学目标

1. 熟悉汽车电源系统的作用、组成和充电状态指示装置。
2. 掌握蓄电池的作用与构造。
3. 了解蓄电池的工作原理与特性。
4. 了解蓄电池的容量及其影响因素。
5. 掌握蓄电池的使用与维护及常见故障的排除。
6. 了解电动汽车用高能电池。
7. 掌握交流发电机、调节器的工作原理与构造。
8. 熟悉充电指示灯控制电路。
9. 掌握电源系统常见故障的诊断与排除方法。

教学目标项目表

知识要点	认知要求		
	了解	熟悉	掌握
1. 电源系统的作用	√		
2. 电源系统的组成	√		
3. 充电状态指示装置	√		
4. 蓄电池的作用与构造			√
5. 铅酸蓄电池的工作原理和特性	√		
6. 蓄电池的容量及其影响因素	√		
7. 蓄电池的使用与维护及常见故障的排除			√
8. 电动汽车用高能电池	√		
9. 交流发电机、调节器的工作原理与构造			√
10. 充电指示灯控制电路		√	
11. 电源系统常见故障的诊断与排除方法			√

第一节　概　述

一、填空题

1. 汽车电源系统的作用就是向汽车用电设备提供__________电能，以保证汽车在__________和__________的用电。

2. 汽车电源系统由__________、__________、__________、__________、__________等组成。

3. 当充电状态指示装置正常工作，电流表、电压表指针偏向“－”方向或充电状态指示灯亮时，表示发电机输出电压低于蓄电池端电压，蓄电池处于__________状态。

4. 当电流表、电压表指针偏向“＋”方向或充电状态指示灯熄灭时，表示发电机工作正常，蓄电池处于__________状态。

二、单选题

1. 汽车电源系统的作用就是向汽车用电设备提供(　　)电能。

A. 高压直流　　B. 低压直流
C. 高压交流　　D. 低压交流

2. 下列不属于汽车电源系统组成部件的是(　　)。

A. 交流发电机　　B. 蓄电池
C. 起动机　　D. 点火开关

3. 反映蓄电池是处于充电还是放电状态，没有以下哪种形式？(　　)

A. 指示灯　　B. 电流表　　C. 电压表　　D. 气压表

4. 以下哪个图标代表充电指示灯？(　　)

A. 　　B. 　　C. 　　D. 

5. 蓄电池处于放电状态时，充电状态指示装置会出现的情况是(　　)。

A. 电流表指针偏向“－”方向，电压表指针偏向“－”方向，充电指示灯亮
B. 电流表指针偏向“－”方向，电压表指针偏向“－”方向，充电指示灯灭
C. 电流表指针偏向“－”方向，电压表指针偏向“＋”方向，充电指示灯亮
D. 电流表指针偏向“＋”方向，电压表指针偏向“＋”方向，充电指示灯亮

6. 蓄电池处于充电状态时，充电状态指示装置会出现的情况是(　　)。

A. 电流表指针偏向“－”方向，电压表指针偏向“－”方向，充电指示灯亮
B. 电流表指针偏向“－”方向，电压表指针偏向“－”方向，充电指示灯灭
C. 电流表指针偏向“－”方向，电压表指针偏向“＋”方向，充电指示灯亮

D. 电流表指针偏向“+”方向,电压表指针偏向“+”方向,充电指示灯灭

7. 钥匙开关又称为(　　)。

A. 中控开关　　B. 点火开关

C. 门控开关　　D. 电控开关

三、判断题

1. 充电指示灯亮起,表示蓄电池处于充电状态。(　　)
2. 电流表指针偏向“-”方向,表示蓄电池处于充电状态。(　　)
3. 电压表指针偏向“-”方向,表示蓄电池处于充电状态。(　　)
4. 电压表指针偏向“+”方向,表示蓄电池处于充电状态。(　　)
5. 电流表指针偏向“+”方向,表示蓄电池处于充电状态。(　　)
6. 目前一般用由继电器或调节器控制的充电状态指示灯来指示充电状态。(　　)
7. 有共用电流表和指示灯的充电状态指示装置。(　　)
8. 钥匙开关就是点火开关。(　　)
9. 汽车电源系统电路中一定有电流表。(　　)
10. 蓄电池向用电设备提供交流电。(　　)

四、综合题

下图是汽车电源系统的组成图。

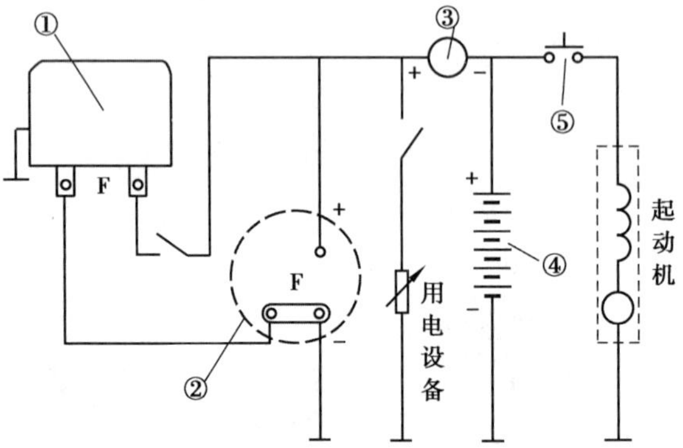

请从上图找出零件名称对应的数字序号,填写在表中对应位置。

名称	数字序号
蓄电池	
发电机	
调节器	
起动开关	
电流表	

第二节　蓄电池

一、填空题

1. 普通铅酸蓄电池主要由极板、____________、电解液、外壳、联条、接线柱等组成。
2. 极板由栅架和____________组成。
3. 铅酸蓄电池的型号由串联单格电池数、电池类型和特征及____________组成。
4. 极板上生成白色粗晶粒硫酸铅的现象称为____________。
5. 每昼夜电量降低超过额定容量的____________，说明蓄电池有自行放电故障。
6. 塑料外壳蓄电池采用____________联条。
7. 储备容量的单位是____________。
8. 电解液密度随____________变化而变化。
9. 蓄电池正极板上的活性物质为二氧化铅，呈____________色。
10. 负极板上的活性物质是____________状纯铅，呈深灰色。
11. 蓄电池都是用特制的____________和防震垫固定的。
12. 蓄电池在放电过程中，正、负极板上的活性物质都转变为____________，电解液中的____________减少，____________增多。
13. 为降低汽车的运行成本，延长蓄电池的使用寿命，蓄电池在使用中应注意“三抓”和“____________”。
14. 蓄电池外壳材料有硬橡胶和____________两种。
15. 联条将单格蓄电池串联起来，提高整个蓄电池的____________。
16. 极板是蓄电池的核心部分，它由____________和活性物质组成。
17. 当看到绿色小点时，说明蓄电池____________。
18. 在测量电解液的密度时，应同时测量电解液的温度，并将测得的电解液密度值换算成____________℃时的密度值。
19. 蓄电池放电时，化学能转化为____________。
20. 柴油发动机蓄电池由 2 个____________V 的单格蓄电池串联而成。
21. 免维护蓄电池内部常配有____________。
22. 汽车蓄电池有铅酸蓄电池和____________蓄电池两类。
23. 汽车用铅酸蓄电池又分为普通型、干荷电型、____________型、免维护型和胶体型等。
24. 电解液是用纯净硫酸和纯净____________按一定比例配制而成的。
25. 铅酸蓄电池的外部故障有壳体裂纹、____________、联条烧断、接触不良、极柱腐蚀、电池爆炸等。

26. 蓄电池型号为6-Q-105,其额定电压为____________V。

二、单选题

1. 12 V普通铅酸蓄电池由(　　)只单格电池串联而成。

A. 4　　B. 6　　C. 8　　D. 12

2. 下列不属于蓄电池作用的是(　　)。

A. 发动机起动时,向起动机和点火系统供电

B. 发动机低速运转、发电机电压较低时,向用电设备和交流发电机磁场绕组供电

C. 汽车停车或发电机不发电时,向用电设备供电

D. 发动机起动后,给发电机充电

3. 拆卸蓄电池时,应遵循的顺序是(　　)。

A. 先拆负极,后拆正极　　B. 同时拆正负极

C. 任意拆卸　　D. 先拆正极,后拆负极

4. 安装蓄电池时,应遵循的顺序是(　　)。

A. 先装负极,后装正极　　B. 同时装正负极

C. 任意安装　　D. 先装正极,后装负极

5. 极板上生成白色粗晶粒硫酸铅的现象称为(　　)。

A. 活性物质脱落　　B. 自行放电

C. 试火法　　D. 极板硫化

6. 普通铅酸蓄电池正极板上的活性物质为(　　)。

A. 铅　　B. 二氧化铅

C. 稀硫酸　　D. 蒸馏水

7. 普通铅酸蓄电池负极板上的活性物质为(　　)。

A. 铅　　B. 二氧化铅

C. 稀硫酸　　D. 蒸馏水

8. 普通铅酸蓄电池的电解液为(　　)溶液。

A. 铅　　B. 二氧化铅

C. 稀硫酸　　D. 蒸馏水

9. 在每个单格电池中,负极板总比正极板(　　)。

A. 少一片　　B. 多一片

C. 一样多　　D. 不一定

10. 某铅酸蓄电池的型号为6-QAW-100,其中6表示(　　)。

A. 6个单格　　B. 6 V

C. 6 A·h　　D. 6 A

11. 某铅酸蓄电池的型号为6-QAW-100,其中W表示(　　)。

A. 干荷电　　B. 湿荷电
C. 免维护　　D. 少维护

12. 某铅酸蓄电池的型号为 6-QAW-100,其中 100 表示(　　)。
A. 100 A　　B. 100 A · h
C. 100 V　　D. 100 Ω

13. 在发动机起动时,蓄电池必须能给起动机提供的电流大小为(　　)。
A. 100 ~ 300 A　　B. 200 ~ 600 A
C. 400 ~ 600 A　　D. 800 ~ 1 000 A

14. 蓄电池的容量应能保证车辆具有足够的起动能力,所以要求汽车用蓄电池的内阻尽量(　　)。
A. 小　　B. 大　　C. 恒定　　D. 不变

15. 蓄电池的容量应能保证车辆具有足够的起动能力,所以要求汽车用蓄电池的容量(　　)。
A. 尽量小　　B. 足够大
C. 保持恒定　　D. 随着起动机工作而变化

16. 蓄电池型号 6-QAW-100 中的 100 是指蓄电池的(　　)。
A. 理论容量　　B. 实际容量
C. 额定容量　　D. 储备容量

17. 根据实际经验,电解液密度每下降 0.04 g/cm^3 约相当于蓄电池放电(　　)。
A. 5%　　B. 10%　　C. 15%　　D. 25%

18. 铅酸蓄电池放电时,电解液中的(　　)。
A. 硫酸减少,水增多　　B. 硫酸减少,水减少
C. 硫酸增多,水增多　　D. 硫酸增多,水减少

19. 蓄电池每个单格的极板中,总是(　　)。
A. 负极板比正极板多一片　　B. 正极板比负极板多一片
C. 正、负极板同样多　　D. 以上都不对

20. 当汽车用电设备用电量过大,超过发电机的供电能力时,向点火系统及其他用电设备供电的是(　　)。
A. 蓄电池　　B. 发电机
C. 蓄电池和发电机　　D. 发动机

21. 蓄电池正常使用时,电解液液面高度低于规定的标准值时,应补加(　　)。
A. 电解液　　B. 稀硫酸
C. 蒸馏水　　D. 自来水

22. 把正、负极板各一片浸入电解液中,可获得的电势是(　　)。
A. 1 V　　B. 1.5 V　　C. 2 V　　D. 12 V

23. 能较为准确地判定蓄电池放电程度的方法是(　　)。

A. 使用试灯放电　　B. 使用高率放电计测定
C. 使用起动机　　D. 测量电解液温度
24. 蓄电池放电后，其负极板附着的物质是(　　)。
A. 铅　　B. 二氧化铅
C. 硫酸铅　　D. 一氧化铅
25. 蓄电池在无负载状态下，电量自行消失的现象是(　　)。
A. 活性物质脱落　　B. 极板硫化
C. 自行放电　　D. 极板间短路
26. 汽车用铅酸蓄电池的正接线柱(　　)。
A. 铸有“-”号标记　　B. 呈浅灰色
C. 质地较软　　D. 有“P”标记
27. 国产蓄电池的充、放电循环寿命为(　　)。
A. 100～200 次　　B. 200～400 次
C. 250～500 次　　D. 300～500 次
28. 下列不属于蓄电池充电方法的是(　　)。
A. 定流充电　　B. 定压充电
C. 闪充充电　　D. 脉冲充电
29. 蓄电池中联条的作用是(　　)。
A. 将单格蓄电池并联起来
B. 防止相邻的正负极板彼此接触而短路
C. 将单格蓄电池串联起来
D. 使蓄电池构成一个整体
30. 蓄电池出现(　　)，表明必须更换蓄电池了。
A. 黑色　　B. 绿色
C. 红色　　D. 淡黄色
31. 铅酸蓄电池的(　　)用 20 h 放电率容量表示。
A. 理论容量　　B. 实际容量
C. 额定容量　　D. 储备容量
32. 某铅酸蓄电池的型号为 6-QAS-100，其中 S 表示(　　)。
A. 干荷电　　B. 湿荷电
C. 免维护　　D. 少维护
33. 电池特征代号“M”表示(　　)。
A. 少维护　　B. 免维护
C. 密闭式　　D. 激活式
34. 起动发动机时，蓄电池在(　　)内能向起动机连续供给强大电流。
A. 5～10 s　　B. 3～5 s

C. 5 ~ 15 s　　D. 3 ~ 10 s

35. 带电解液存放的蓄电池需要每(　　)个月补充充电一次。

A. 一　　B. 两　　C. 三　　D. 四

36. 蓄电池的实际容量(　　)理论容量。

A. 高于　　B. 低于

C. 等于　　D. 时高于时低于

37. 大电流放电会造成蓄电池出现的故障是(　　)。

A. 极板硫化　　B. 活性物质脱落

C. 自行放电　　D. 壳体裂纹

38. 下列不属于影响蓄电池容量的构造因素的是(　　)。

A. 极板厚度　　B. 极板面积

C. 电解液密度　　D. 同性极板中心距

39. 目前铅酸蓄电池广泛采用的隔板材料是(　　)。

A. 木质材料　　B. 微孔橡胶

C. 微孔塑料　　D. 铜质材料

40. 蓄电池的工作特性不包括(　　)。

A. 高电势　　B. 内阻

C. 充电特性　　D. 放电特性

41. 某铅酸蓄电池的型号为 6-QW-100,通过型号可以确定该蓄电池的额定电压是(　　)。

A. 2 V　　B. 6 V　　C. 12 V　　D. 24 V

42. 12 V 铅酸蓄电池单格电池的电压约为(　　)。

A. 1 V　　B. 2 V　　C. 3 V　　D. 4 V

43. 发动机熄火时,汽车的供电设备是(　　)。

A. 发电机　　B. 蓄电池

C. 起动机　　D. 压缩机

44. 普通铅酸蓄电池的电解液是(　　)。

A. 纯净水　　B. 蒸馏水

C. 盐酸溶液　　D. 硫酸溶液

45. 铅酸蓄电池放电时,电解液中的(　　)。

A. 硫酸减少,水增多　　B. 硫酸减少,水减少

C. 硫酸增多,水增多　　D. 硫酸增多,水减少

46. 铅酸蓄电池正极板上的活性物质是(　　)。

A. 二氧化铅　　B. 铅　　C. 铜　　D. 硫酸

三、判断题

1. 蓄电池由极板、隔板、电解液、外壳、接线柱等组成。(　　)
2. 铅酸蓄电池负极板上的活性物质都转变为硫酸铅。(　　)
3. 电解液不纯,含有杂质是造成蓄电池自行放电的主要原因之一。(　　)
4. 放电时,蓄电池中的化学能转变为电能。(　　)
5. 正极板上的活性物质为二氧化铅,呈棕色。(　　)
6. 负极板上的活性物质为铅,呈深灰色。(　　)
7. 免维护蓄电池使用中无须添加蒸馏水。(　　)
8. 蓄电池长期充电不足,会影响其使用寿命。(　　)
9. 蓄电池向用电设备提供交流电。(　　)
10. 蓄电池在放电过程中,正、负极板上的活性物质都转变为硫酸铅和水。(　　)
11. 将化学能转变成电能储存起来称为充电过程。(　　)
12. 铅酸蓄电池的电解液是由稀硫酸和水配制而成。(　　)
13. 蓄电池液面过低,可用矿泉水添加。(　　)
14. 在放电过程中,电解液相对密度是升高的。(　　)
15. 铅酸蓄电池工作中的化学反应过程是可逆的。(　　)
16. 电解液因正常使用导致不足时,应补充硫酸溶液。(　　)
17. 新旧蓄电池可以混用。(　　)
18. 汽车行驶颠簸震动会加速活性物质脱落。(　　)
19. 当发现电解液不足时需加纯净硫酸。(　　)
20. 电解液温度过高和气温剧烈变化都是促使自行放电的原因。(　　)
21. 充电指示灯亮时,蓄电池正在被充电。(　　)
22. 蓄电池的理论容量总是高于实际容量。(　　)
23. 免维护蓄电池接线柱不会腐蚀。(　　)
24. 传统铅酸蓄电池比免维护蓄电池具有更大的起动功率。(　　)
25. 免维护蓄电池玻璃孔呈淡黄色时,表示充电不足。(　　)
26. 活性物质严重脱落时,电解液呈黑色。(　　)
27. 蓄电池电解液液面过低,极板露出部分与空气氧化是导致蓄电池自行放电的原因。(　　)
28. 电解液的密度对蓄电池的性能没有影响。(　　)
29. 极板硫化不会影响蓄电池的内阻。(　　)
30. 放电时,正极板上的二氧化铅全部转化成硫酸铅。(　　)
31. 未充电前比充电后的电解液密度高。(　　)
32. 蓄电池长期充电不足会影响其寿命。(　　)
33. 蓄电池的选用应先选“号”,再选“型”。(　　)

34. 免维护蓄电池接线柱会被腐蚀。(   )

35. 若每昼夜电量降低超过 4% 的额定容量有自行放电故障。(   )

36. 未经使用的新蓄电池可以进行快速脉冲充电。(   )

37. 目前蓄电池隔板多采用微孔橡胶。(   )

38. 蓄电池长期充电不足,会影响其使用寿命。(   )

39. 当充电指示灯亮起时,表示蓄电池处于充电状态。(   )

40. 干荷电式启动型铅酸蓄电池负极板的活性物质在铅中配有一定比例的抗氧化剂。(   )

41. 普通铅酸蓄电池可在不使用状态下至少放置 10 个月以上,放置 250 天后仍能维持 50% 以上的容量。(   )

42. 蓄电池相当于一只大电阻,所以不仅能够保持汽车电气系统的电压稳定,而且还能吸收电路中出现的瞬时过电压,保护电子元件不被损坏。(   )

43. 免维护蓄电池使用中无须添加蒸馏水。(   )

44. 蓄电池长期充电不足,会影响其使用寿命。(   )

45. 蓄电池可以吸收电路中的瞬时过电压。(   )

四、综合题

1. 汽车用铅酸蓄电池的作用是什么?

2. 铅酸蓄电池主要由哪几部分组成?

3. 铅酸蓄电池型号 6-QA-100 和 6-QA-40S 的含义分别是什么?

4. 什么是蓄电池的额定容量？影响蓄电池额定容量的因素有哪些？

5. 什么情况下铅酸蓄电池应进行补充充电？蓄电池充电终了有何特征？

6. 如何识别铅酸蓄电池的正、负极接线柱？

7. 哪些铅酸蓄电池不能进行快速脉冲充电？

8. 怎样测量电解液的密度？

9. 在冬季使用铅酸蓄电池应注意哪些事项？

10. 怎样用高率放电计检查蓄电池的放电程度？

第三节　交流发电机

一、填空题

1. 交流发电机的转子磁场绕组的励磁方式有自励和____________两种。

2. 交流发电机给起动系统之外的所有用电设备供电，并给____________充电。

3. 交流发电机转子总成的作用是____________。

4. 交流发电机定子总成的作用是____________。

5. 交流发电机整流器的作用是____________。

6. 交流发电机前、后端盖的作用是____________。

7. 交流发电机按有无电刷可分为____________和____________，按磁场绕组的搭铁部位不同可分为____________和____________，按通风方式可分为____________和____________。

8. 交流发电机定子总成的三相绕组的连接方法可分为____________和__________两种。

9. 交流发电机整流器的作用是把交流发电机产生的______转换成______输出，其一般由6只______和______组成。

10. 交流发电机的一个电刷与外壳绝缘，称为______；另一个电刷搭铁，称为______。

11. 发电机的三相定子绕组按一定规律分布在发电机的定子槽中，彼此相差的角度是______，且匝数______。

12. 当磁场绕组接通直流电时，产生了磁场，使转子轴上的两块爪形磁极磁化，一块为______极，一块为______极。

13. 硅整流器是利用______的______，将交流电转换为直流电的。

14. 向交流发电机的磁场绕组供电使其产生磁场称为______。

15. 普通交流发电机主要由______、______、______、______、______，以及______、______等部件组成。

16. 发电机定子总成也称______。

17. 交流发电机的前、后端盖均用______铸造而成，其为______材料，可以减少漏磁，提高发电的效能。

二、单选题

1. 交流发电机转子的作用是（　　）。

A. 产生磁场　　B. 产生三相交变电动势

C. 将三相交流电转换成直流电　　D. 产生电磁转矩

2. 交流发电机定子的作用是（　　）。

A. 产生磁场　　B. 产生三相交变电动势

C. 将三相交流电转换成直流电　　D. 产生电磁转矩

3. 交流发电机整流器的作用是（　　）。

A. 产生磁场　　B. 产生三相交变电动势

C. 将三相交流电转换成直流电　　D. 产生电磁转矩

4. 汽车交流发电机产生（　　）相交流电动势。

A. 单　　B. 两　　C. 三　　D. 四

5. 交流发电机的磁场绕组安装在（　　）上。

A. 定子　　B. 端盖　　C. 转子　　D. 外壳

6. 普通交流发电机风扇的作用是（　　）。

A. 产生变化磁场　　B. 将三相交流电转变成直流电

C. 产生交流电　　D. 通风冷却

7. 以下不属于交流发电机组成部件的是（　　）。

A. 转子总成　　B. 定子总成

C. 电磁开关　　D. 整流器

8. 交流发电机输出电压大于蓄电池电压时,其励磁方式为(　　)。

A. 串励　　B. 并励　　C. 自励　　D. 他励

9. 整流器的作用是把三相同步交流发电机产生的交流电转换成直流电输出,它一般用(　　)个硅二极管接成三相桥式全波整流电路。

A. 6　　B. 7　　C. 8　　D. 9

10. 硅整流发电机的中性点电压等于发电机输出直流电压的(　　)。

A. 1/2　　B. 2 倍　　C. 相同　　D. 3 倍

11. 整流器的核心元件是(　　)。

A. 二极管　　B. 电容　　C. 晶体管　　D. 电阻

12. 八管交流发电机整流电路加装的两只二极管称为(　　)。

A. 整流二极管　　B. 中性点二极管

C. 磁场二极管　　D. 功率二极管

13. 九管交流发电机整流电路加装的三只二极管称为(　　)。

A. 整流二极管　　B. 中性点二极管

C. 磁场二极管　　D. 功率二极管

14. 星形联结式定子的优点是(　　)。

A. 低速发电性能好　　B. 发电机内部损失小

C. 高转速时输出电流大　　D. 低速时输出电压低

15. 三角形联结式定子的缺点是(　　)。

A. 低速发电性能好　　B. 发电机内部损失小

C. 高转速时输出电流大　　D. 低速时输出电压低

16. 下列关于爪极式无刷交流发电机励磁绕组的说法,正确的是(　　)。

A. 取消了励磁绕组　　B. 装在后端盖上

C. 装在励磁机上　　D. 装在转子上

17. 汽车交流发电机整流器的作用是(　　)。

A. 将交流电转变为直流电　　B. 产生三相交流电

C. 产生变化的磁场　　D. 稳定发电电压

18. 下列关于交流发电机前端盖的说法正确的是(　　)。

A. 远离带轮的一端为前端盖　　B. 发电机不区分前后端盖

C. 前端盖是塑料的　　D. 靠近带轮的一端为前端盖

19. 下列不属于永磁式无刷交流发电机组成部件的是(　　)。

A. 整流器　　B. 励磁绕组　　C. 定子绕组　　D. 前后端盖

20. 交流发电机检查传动带挠度的方法是在发电机带轮和风扇带轮之间用 30 ~ 50 N 的力按下传动带,带的挠度应为(　　)。

A. 5 ~ 10 mm　　B. 10 ~ 15 mm　　C. 15 ~ 20 mm　　D. 20 ~ 25 mm

21. 下列关于发电机电压测试方法的描述正确的是(　　)。

A. 在装有催化式排气净化装置的汽车上，做此试验时，发动机运转时间需超过 5 min

B. 测量蓄电池电压前需要打开所有用电设备

C. 起动发动机，发动机转速为 2 000 r/min 时测量的蓄电池电压应比参考电压略低一些

D. 将万用表功能转换开关拨到直流电压挡

三、判断题

1. 交流发电机由定子产生磁场，转子产生三相交变电动势。(　　)

2. 交流发电机所采用的励磁方法是先他励后自励。(　　)

3. 由于目前汽车上广泛采用的是硅整流交流发电机，所以汽车用电设备都使用交流电。(　　)

4. 无刷交流发电机就是指无电刷，但有滑环的交流发电机。(　　)

5. 交流发电机三相绕组能感应产生频率相同、幅值相等、相位互差 180°的交流电动势。(　　)

6. 发动机正常运转时，点火系统的电能来自发电机。(　　)

7. 硅整流交流发电机按磁场绕组的搭铁部位不同分为内搭铁和外搭铁。(　　)

8. 交流发电机是将电能转变为机械能。(　　)

9. 发电机作为汽车的电源之一，担负着全程为用电设备供电的任务。(　　)

10. 无刷式交流发电机没有励磁线圈。(　　)

11. 无刷式交流发电机没有滑环和电刷。(　　)

12. 永磁式无刷式交流发电机没有励磁线圈。(　　)

13. 交流发电机依靠电能驱动。(　　)

14. 目前大多数汽车采用的是直流发电机。(　　)

15. 将交流发电机从汽车上拆下时，应先拆卸发电机“B”接线柱，再拆卸搭铁电缆。(　　)

四、综合题

1. 下图是交流发电机构造图。

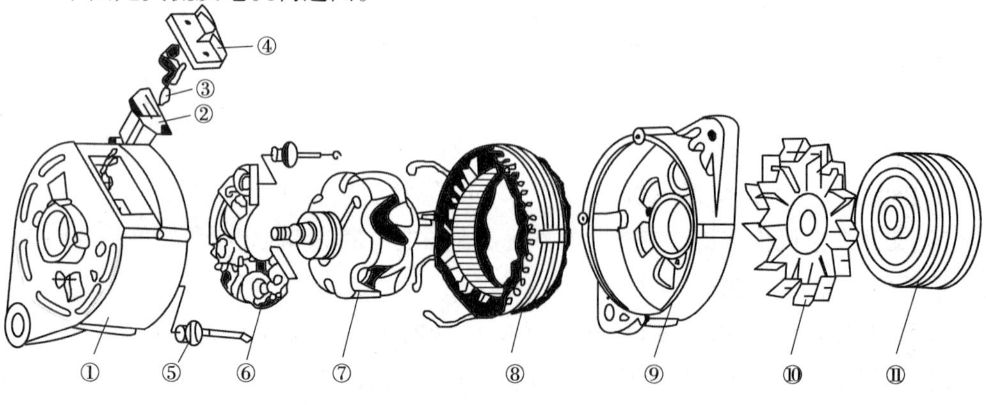

请写出上图中数字序号对应的零件名称。

①:＿＿＿＿＿＿　②:＿＿＿＿＿＿　③:＿＿＿＿＿＿

④:＿＿＿＿＿＿　⑤:＿＿＿＿＿＿　⑥:＿＿＿＿＿＿

⑦:＿＿＿＿＿＿　⑧:＿＿＿＿＿＿　⑨:＿＿＿＿＿＿

⑩:＿＿＿＿＿＿　⑪:＿＿＿＿＿＿

2. 下图是交流发电机转子结构图。

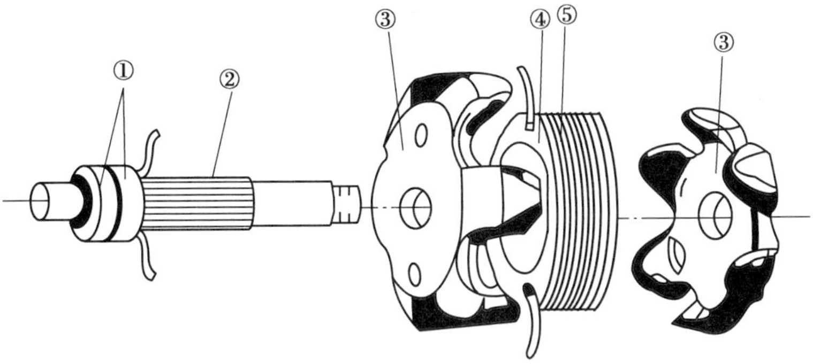

请写出上图中数字序号对应的零件名称。

①:＿＿＿＿＿＿　②:＿＿＿＿＿＿　③:＿＿＿＿＿＿

④:＿＿＿＿＿＿　⑤:＿＿＿＿＿＿

第四节　交流发电机调节器

一、填空题

1. 调节器可以保证交流发电机输出电压在＿＿＿＿＿和＿＿＿＿＿变化时不超过设定值,防止输出电压过高而损坏用电设备或者输出电压过低影响用电设备正常工作。

2. 交流发电机调节器按照原理分为＿＿＿＿＿和＿＿＿＿＿两类。

3. 电子调节器又包括＿＿＿＿＿和＿＿＿＿＿两种。

4. 调节器是通过改变＿＿＿＿＿＿大小,从而改变磁通,调节电压的。

5. 目前,有些汽车发电机的电压通过＿＿＿＿＿＿进行调整,而取消了调节器。

6. 电磁振动式调节器有＿＿＿＿＿＿和＿＿＿＿＿＿两种。

二、单选题

1. 汽车发电机电磁振动式调节器是通过什么方式来调节电压的?(　　)

A. 通过电磁力和弹力的平衡

B. 改变触点闭合和断开的时间

C. 改变励磁电流的大小

D. 以上都是

2. 下列关于晶体管调节器优点的说法错误的是(　　)。

A. 故障少,工作可靠　　B. 调压质量高

C. 触点振动频率高　　D. 寿命长

3. 电压调节器 FDT152 表示(　　)。

A. 12V 集成电路调节器,第五次设计

B. 12V 集成电路调节器,第二次设计

C. 24V 的三联机械电磁振动式调节器,第五次设计,第二次变型

D. 24V 的集成电路调节器,第二次设计

4. 下列关于调节器代用原则的说法错误的是(　　)。

A. 调节器的限流值应等于或略小于被代替的调节器

B. 调节器的标称电压必须相同

C. 调节器必须与原调节器的搭铁形式相同

D. 调节器与原调节器的功能完善程度尽量相近

三、综合题

1. 简述交流发电机调节器型号 FT126C 的含义。

2. 计算机控制的交流发电机是如何调节电压的?

第五节　充电指示灯控制电路、瞬变过电压保护电路

一、填空题

1. 反映充电系统工作状况的仪表或指示装置中,__________因指示明确直观而得到广泛应用。

2. 充电指示灯借助不同的控制电路,通过其__________变化来反映充电系统是否正常。

3. 大多数汽车是在接通点火开关时,充电指示灯__________,随着发动机起动,交

流发电机工作正常时，充电指示灯____________。

4. 发动机正常工作时，充电指示灯不熄灭或突然发亮，则表示____________。

二、综合题

充电指示灯典型控制电路有哪几种？

第六节　充电系统故障的诊断与排除

一、填空题

1. 充电系统的常见故障形式有____________、____________、____________、____________、____________、____________。

2. 国产交流发电机均为____________搭铁，故蓄电池必须为____________搭铁。

3. 发动机熄火后，应将点火开关（或电源开关）____________，以免蓄电池长时间向励磁绕组和调节器磁化线圈放电，浪费电能。

4. 发动机运行中，不得用____________的方法检查发电机是否正常，应采用____________或低压____________检查。

5. 在更换半导体元件时，电烙铁的功率应小于____________W。

6. 调节器与____________的电压等级必须一致，搭铁形式必须一致。

7. 调节器必须受____________控制。

二、单选题

1. 下列不属于充电系统常见故障的是（　　）。

A. 不充电　　B. 充电电流过小

C. 自行放电　　D. 充电指示灯故障

2. 在更换半导体元件时，电烙铁的功率应不大于（　　）。

A. 75 W　　B. 45 W　　C. 20 W　　D. 5 W

3. 若发电机励磁回路有故障，可用（　　）方法来检测。

A. 万用表　　B. 试灯　　C. 试火　　D. 跳线

4. 在蓄电池不亏电的情况下，电流表指示充电在（　　）以上，说明充电电流过大。

A. 5 A　　B. 10 A　　C. 15 A　　D. 20 A

5. 在检查充电系统故障时，首先应（　　）。

A. 检查皮带松紧　　B. 拆解发电机

C. 更换线路　　　　　　　　　　　　D. 断开蓄电池

三、判断题

1. 国产交流发电机均为负极搭铁,故蓄电池必须为负极搭铁。(　　)

2. 发动机运行中,可以用“试火”的方法检查发电机是否正常。(　　)

3. 充电指示灯不熄灭,可能表示充电系统不充电。(　　)

4. 发电机传动带太松或沾油打滑可能造成不充电。(　　)

5. 接通点火开关,用一字旋具靠近发电机后轴承盖,探测转子电磁吸力,若有明显吸力,说明励磁回路正常,故障在充电回路。(　　)

四、综合题

1. 充电系统不充电表现为什么现象,如何诊断与排除?

2. 充电系统充电不稳表现为什么现象,如何诊断与排除?

3. 充电系统充电电流过大表现为什么现象,如何诊断与排除?

第二章　起动系统

教学目标

1. 了解起动系统的作用和组成。
2. 掌握起动机的构造和工作原理。
3. 了解起动机的工作特性。
4. 掌握起动系统控制电路和起动机控制机构的工作原理。
5. 掌握电磁控制强制啮合式起动机、减速型起动机的结构组成和工作原理。
6. 掌握起动系统常见故障的诊断与排除方法。

教学目标项目表

知识要点	认知要求		
	了解	熟悉	掌握
1. 起动系统的作用和组成	√		
2. 起动机的构造和工作原理			√
3. 起动机的工作特性	√		
4. 起动系统控制电路			√
5. 起动机控制机构的工作原理			√
6. 电磁控制强制啮合式起动机的结构组成和工作原理			√
7. 减速型起动机的结构组成和工作原理			√
8. 起动系统常见故障的诊断与排除			√

第一节 概 述

一、填空题

1. 发动机必靠外力带动__________旋转后，才能进入正常工作状态，通常把汽车发动机__________在外力作用下，从开始转动到__________的全过程，称为发动机的起动。

2. 起动系统的作用就是供给发动机曲轴__________，使发动机__________达到必需的起动转速，以便使发动机进入自行运转状态。

3. 起动系统由__________、__________、__________等组成。

4. 起动机俗称“马达”，由__________、__________和__________组成。

5. 直流电动机的作用是将蓄电池输入的__________转换为__________，产生__________。

6. 传动机构的作用是利用__________啮入发动机飞轮齿圈，将直流电动机的__________传给__________，并及时切断曲轴与电动机之间的动力传递，防止曲轴反拖。

7. 控制机构的作用是接通或切断起动机与__________之间的主电路，并使__________进入或退出啮合。

二、单选题

1. 当发动机进入自由运转状态后，起动机应(　　)。

A. 继续运转　　B. 立即停止

C. 运转一段时间后停止　　D. 空转

2. 直流电动机的作用是将蓄电池输入的电能转换为(　　)。

A. 机械能　　B. 化学能　　C. 电能　　D. 势能

3. 与起动机驱动齿轮啮合的零件是(　　)。

A. 变速器输出轴　　B. 变速器输入轴

C. 飞轮　　D. 凸轮轴

4. 发动机常用的起动方式不包括(　　)。

A. 辅助柴油机起动　　B. 人力起动

C. 辅助汽油机起动　　D. 电力起动机起动

5. 起动时，起动机的转矩传递给(　　)。

A. 活塞　　B. 连杆　　C. 凸轮轴　　D. 曲轴

6. 不属于起动系统组成部件的是(　　)。

A. 蓄电池 B. 发电机 C. 起动机 D. 起动控制电路

7. 起动控制电路不包括(　　)。

A. 起动按钮 B. 起动继电器 C. 相关线路 D. 起动机主开关

8. 起动系统不包括(　　)。

A. 发电机 B. 起动机 C. 蓄电池 D. 点火开关

9. 国产起动机的传动机构大多采用(　　)。

A. 惯性啮合式 B. 强制啮合式

C. 电枢移动式 D. 齿轮移动式

10. 起动机的类型不包括(　　)。

A. 普通式起动机 B. 减速式起动机

C. 永磁式起动机 D. 串励式起动机

11. 起动机型号 QD124 中的 QD 表示(　　)。

A. 起动机 B. 减速型起动机

C. 电磁啮合式起动机 D. 永磁型起动机

12. 汽油机的起动机与曲轴的传动比一般为(　　)。

A. 10 ~ 17 B. 8 ~ 13 C. 13 ~ 17 D. 8 ~ 10

13. 下列关于起动系统作用的描述,不正确的是(　　)。

A. 使发动机进入自动运转状态

B. 控制点火系统进行点火

C. 供给发动机曲轴起动转矩

D. 使发动机曲轴达到必需的起动转速

14. 下列不属于起动机按传动机构分类的是(　　)。

A. 惯性啮合式起动机 B. 机械控制式起动机

C. 强制啮合式起动机 D. 电磁啮合式起动机

15. 下列不属于起动机组成部件的是(　　)。

A. 直流电动机 B. 传动机构

C. 控制机构 D. 交流电动机

三、判断题

1. 起动系统主要包括起动机和控制电路两部分。(　　)

2. 起动机的作用是将蓄电池输入的化学能转换为电能,产生电磁转矩。(　　)

3. 惯性啮合式起动机的离合器是靠惯性力的作用产生轴向移动,由于可靠性好,现在汽车普遍采用。(　　)

4. 汽车起动由点火开关控制。(　　)

5. 为增大转矩,便于起动,起动机与曲轴的传动比:汽油机一般为 8 ~ 10。(　　)

6. 传动机构的作用是将直流电动机的电磁转矩传给凸轮轴,并及时切断凸轮轴与电

动机之间的动力传递，防止凸轮轴反拖。(　　)

7. 强制啮合式起动机具有结构简单、动作可靠、操纵方便等优点，被现代汽车普遍采用。(　　)

8. 起动机安装在汽车发动机飞轮壳上。(　　)

9. 起动机在点火开关或起动按钮控制下，将蓄电池的电能转化为机械能，通过曲轴带动发动机飞轮齿圈转动。(　　)

10. 型号 QD124 表示额定电压为 12 V，功率为 1 ~ 2 kW，第四次设计的起动机。(　　)

四、综合题

下图是汽车起动系统构造图。

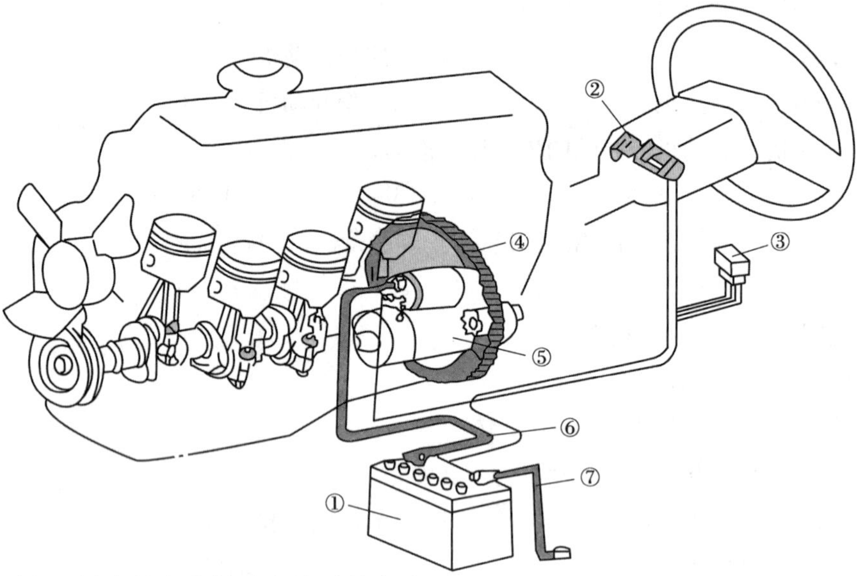

请写出上图中数字序号对应的零件名称。

①:____________ ②:____________ ③:____________ ④:____________

⑤:____________ ⑥:____________ ⑦:____________

第二节　起动机用直流电动机

一、填空题

1. 直流电动机是将____________转变为____________的装置。

2. 直流电动机的励磁方式，分为永磁式和____________。

3. 起动机的直流电动机主要由____________、____________、____________、____________及端盖等组成。

4. 直流电动机定子的励磁方式,分为永磁式和__________。

5. 电磁式直流电动机按励磁绕组与电枢绕组的连接关系可分为串励式、__________式和复励式3种。

6. 起动机定子的作用是__________。

7. 起动机转子由__________、铁芯、__________和__________等组成,其作用是产生__________。

二、单选题

1. 直流电动机的作用是将蓄电池输入的电能转换为(　　)。

A. 机械能　　B. 化学能　　C. 电能　　D. 势能

2. 起动机定子的作用是(　　)。

A. 产生磁场　　B. 产生三相交流电

C. 产生电磁转矩　　D. 固定零件

3. 起动机转子的作用是(　　)。

A. 产生磁场　　B. 产生三相交流电

C. 产生电磁转矩　　D. 固定零件

4. 永磁式起动机的永磁是指普通起动机中的(　　)由永久磁铁代替。

A. 电枢绕组　　B. 励磁绕组　　C. 吸引线圈　　D. 保持线圈

5. 起动机的励磁绕组安装在(　　)上。

A. 转子　　B. 定子　　C. 电枢　　D. 换向器

6. 起动机运转利用了(　　)。

A. 磁力线　　B. 电磁力　　C. 电场　　D. 磁场

7. 由于励磁线圈要流过强电流,故采用的材料为(　　)。

A. 铁　　B. 铝　　C. 铜　　D. 镁

8. 起动机内的电刷有4个,(　　)。

A. 两只绝缘电刷,两只搭铁电刷　　B. 都是绝缘电刷

C. 一只绝缘电刷,三只搭铁电刷　　D. 都是搭铁电刷

9. 减速型起动机的转子与定子铁芯的气隙一般为(　　)。

A. 0.4 ~ 0.5 mm　　B. 0.5 ~ 0.6 mm　　C. 0.6 ~ 0.7 mm　　D. 0.5 ~ 0.8 mm

三、判断题

1. 因起动机的电枢是用永久磁铁制成的,所以被称为永磁式起动机。(　　)

2. 因起动机的定子是用永久磁铁制成的,所以被称为永磁式起动机。(　　)

3. 永磁式直流电动机磁极磁通工作时随转速升高而增大。(　　)

4. 永磁起动机的功率一般不大于2 kW。(　　)

5. 为了增大电磁转矩和转动的平稳性,电动机都采用尽可能少的线圈。(　　)

6. 起动机转子的作用是产生旋转的磁场。(　　)

7. 起动机定子的作用是产生磁场。(　　)

8. 起动机的 4 个电刷两两导通,并相隔 90°分布。(　　)

9. 永磁式直流电动机的磁极磁通工作时保持不变。(　　)

10. 串励式直流电动机的励磁绕组与电枢绕组串联,电枢电流等于励磁绕组电流,并与总电流相等。(　　)

四、综合题

下图是直流电动机转子构造图。

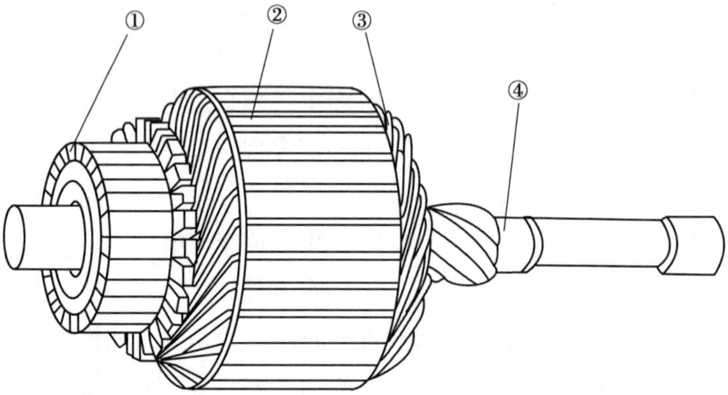

请从上图找出零件名称对应的数字序号,填写在表中对应位置。

名称	数字序号
铁芯	
绕组	
电枢轴	
换向器	

第三节　起动机的传动机构

一、填空题

1. 一般起动机的传动机构是指包括驱动齿轮的__________,减速起动机的__________,还包括__________。

2. 发动机需要起动时,拨叉在电磁力作用下,将__________推出与飞轮齿圈啮合。

3. 发动机起动后,如果驱动齿轮仍处于啮合状态,则__________打滑,小齿轮在飞轮带动下__________。

4. 常见的起动机单向离合器主要有____________、____________和____________3 种。

二、单选题

1. 驱动齿轮与飞轮的啮合一般是靠(　　)强制拨动完成。

A. 单向离合器　　B. 减速齿轮

C. 拨叉　　D. 齿圈

2. 下列不属于起动机单向离合器组成部件的是(　　)。

A. 滚柱式　　B. 弹簧式

C. 摩擦片式　　D. 楔块式

3. 减速型起动机和普通起动机的主要区别在于(　　)不同。

A. 控制装置　　B. 传动机构

C. 直流电动机　　D. 电磁开关

4. 与起动机驱动齿轮啮合的零件是(　　)。

A. 变速器输出轴　　B. 变速器输入轴

C. 飞轮　　D. 凸轮轴

5. 发动机起动后，为避免直流电机被飞轮反拖高速旋转而采用的起动机装置是(　　)。

A. 减速装置　　B. 励磁线圈

C. 拨叉　　D. 单向离合器

6. 起动机主开关接通，起动机带动发动机的(　　)运转。

A. 活塞　　B. 连杆

C. 凸轮轴　　D. 曲轴

三、判断题

1. 起动机的传动装置只能传递双向力矩。(　　)

2. 弹簧式单向离合器轴向尺寸较大，多用于大功率起动机上。(　　)

3. 起动机工作时，起动机驱动齿轮和飞轮齿轮啮合在一起。(　　)

4. 由于滚柱式单向离合器结构简单，所以广泛用于汽油发动机。(　　)

5. 起动完毕后，起动机拨叉在复位弹簧作用下回位，驱动小齿轮退出啮合。(　　)

第四节　起动机的控制机构

一、填空题

1. 电磁操纵式起动机控制机构由电磁开关和____________组成。

2. 起动机不工作时，驱动齿轮处于与飞轮齿圈____________位置，电磁开关中的接触盘与各接触点____________。

3. 将起动开关接通时，蓄电池经起动控制电路向起动机电磁开关通电，此时____________和____________的磁场方向____________，活动铁芯在电磁力的作用下克服弹簧的弹力向内移动。

4. 起动机控制机构也称____________。

二、单选题

1. 起动机工作时驱动齿轮的啮合位置由电磁开关中的(　　)线圈控制，使其保持不动。

A. 吸引　　B. 保持　　C. 磁场　　D. 励磁

2. 起动机的工作顺序是吸引线圈和保持线圈通电，(　　)。

A. 小齿轮运转　　B. 小齿轮不动　　C. 小齿轮伸出　　D. 小齿轮回缩

3. 下列说法不正确的是(　　)。

A. 当起动机的驱动齿轮与飞轮完全啮合时，起动机主开关接通，电枢绕组通有大电流

B. 发动机起动后，如果驱动齿轮仍处于啮合状态，则单向离合器打滑，电动机不会被飞轮反拖高速旋转

C. 起动完毕后，驱动齿轮退出与飞轮的啮合

D. 起动机不工作时，驱动齿轮与飞轮是啮合的

4. 电磁操纵式起动机在工作过程时，吸引线圈和保持线圈是(　　)。

A. 并联　　B. 串联

C. 有时串联有时并联　　D. 混联

5. 在起动控制过程中，起动机主开关接通后，(　　)被主开关短路，电流消失。

A. 吸引线圈　　B. 保持线圈

C. 直流电动机　　D. 励磁线圈

6. 点火开关位于起动挡，起动机主开关没有接通前，起动机电枢绕组中的电流(　　)。

A. 有，比较大　　B. 无　　C. 有，比较小　　D. 时有时无

7. 当活动铁芯被吸动并在电磁开关内使接触盘产生电接触时，出现的情况是（　　）。

A. 保持线圈被短路　　　　B. 起动机正常转动

C. 驱动齿轮脱离啮合　　　D. 飞轮齿圈停止转动

三、判断题

1. 起动机工作时，起动机驱动齿轮和飞轮齿轮啮合在一起。（　　）
2. 汽车起动由点火开关控制。（　　）
3. 起动系统主要包括起动机和控制电路两部分。（　　）
4. 起动机吸引线圈由点火开关控制。（　　）
5. 普通起动机中的保持线圈、励磁绕组和电枢绕组是串联连接。（　　）
6. 发动机起动后应马上松开起动开关。（　　）
7. 起动机工作时，应先接通主电路，再使小齿轮与飞轮圈啮合。（　　）
8. 起动机电磁开关保持线圈在起动前后电流方向是相反的。（　　）

四、综合题

1. 下图为电磁操纵式起动机电路原理图。

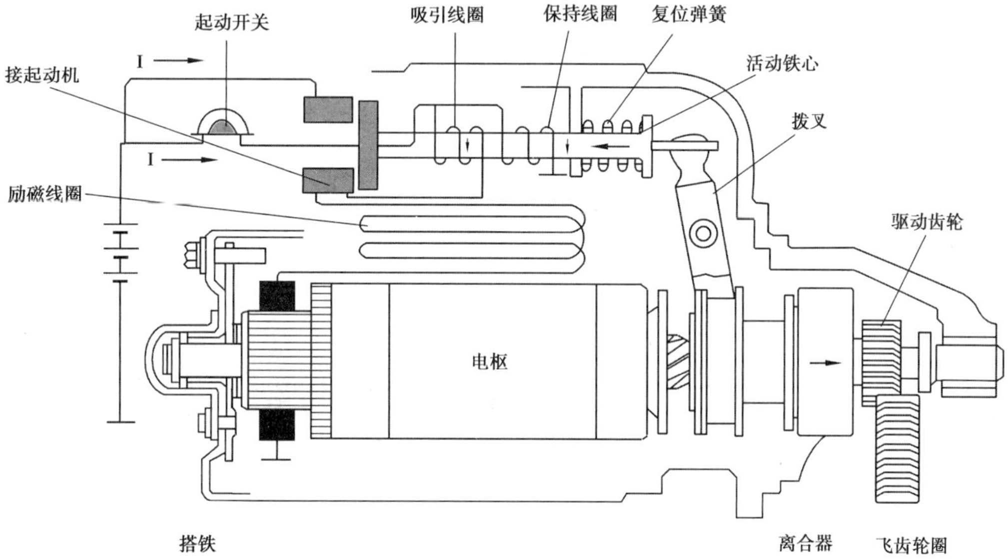

（1）将起动开关接通时，蓄电池经起动控制电路向起动机电磁开关通电，其电流回路为：

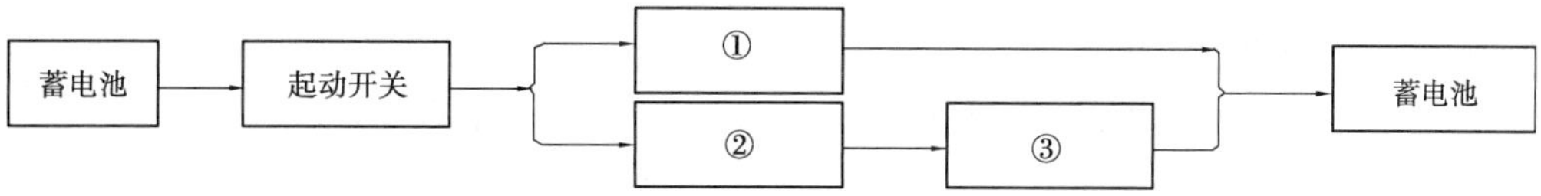

①：＿＿＿＿＿＿；②：＿＿＿＿＿＿；③：＿＿＿＿＿＿。

（2）此时，吸引线圈和保持线圈＿＿＿＿＿＿。活动铁芯在＿＿＿＿＿＿作用下，向内移动，同时，＿＿＿＿＿＿推动小齿轮与＿＿＿＿＿＿啮合。啮合后，主开关接触盘将接触点＿＿＿＿＿＿。

2. 下图是汽车起动机构造图。

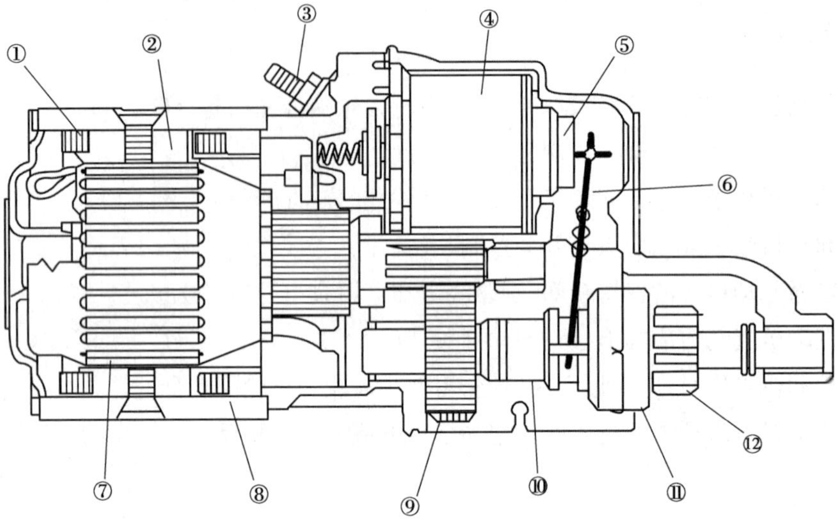

请从上图找出零件名称对应的数字序号，填写在表中对应位置。

名称	数字序号
驱动齿轮	
拨叉	
电枢	
单向离合器	
减速齿轮	

第五节　起动系统控制电路

一、填空题

1. 常见的起动系统控制电路有＿＿＿＿＿＿、＿＿＿＿＿＿、＿＿＿＿＿＿和＿＿＿＿＿＿。

2. 起动复合继电器由＿＿＿＿＿＿和＿＿＿＿＿＿两部分组成。

3. ＿＿＿＿＿＿继电器触点是动合的，控制起动机电磁开关。

4. 保护继电器磁化线圈一端搭铁，另一端接发电机的＿＿＿＿＿，承受＿＿＿＿＿。

5. 在自动变速器上装有＿＿＿＿＿＿，串联于起动继电器线圈搭铁端，只有自动变速器处于停车挡和空挡时才接通。

6. 随着汽车电气控制技术的发展，越来越多的汽车起动系统实现了微机控制，甚至具备一定的________功能。

7. 如果点火开关至于________位置、变速器处于________位置，则起动继电器线圈电路接通，使起动继电器触点闭合、起动机工作。

8. 发动机起动后，________自起动位置退回，________线圈电路切断、触点断开，起动机停止工作。

9. 防盗和门锁控制 ECU 也可以根据________或________对“ST”端子的电位进行控制，实现起动机的安全保护。

二、单选题

1. 安装起动继电器不是为了(　　)。

A. 保护点火开关　　B. 保护起动按钮

C. 便于布线　　D. 小电流控制大电流

2. 下列情况会导致保护继电器失效的是(　　)。

A. 中性点电压过高　　B. 发动机正常运行

C. 驾驶员操作失误　　D. 中性点电压过低

3. 下列属于空挡起动开关的作用的是(　　)。

A. 只有变速器处于驻车挡或空挡位置才能起动发动机

B. 有利于汽车顺利、安全起动

C. 防止汽车行驶中误起动车辆

D. 以上都是

4. 驾驶员一旦接通起动开关，即使很快断开，起动电路也会自动保持接通，直到发动机正常运转，这一功能是(　　)。

A. 起动保护　　B. 起动保持

C. 误起动保护　　D. 继电器保持

5. 微机控制起动系统中的控制单元是(　　)。

A. 防盗和门锁控制 ECU　　B. 发动机 ECU

C. 底盘 ECU　　D. 制动系统 ECU

三、综合题

要想起动发动机，微机控制起动系统需要满足哪些条件？

第六节　典型起动机实例

一、填空题

1. 减速型起动机是在传统起动机的传动机构的＿＿＿＿＿＿与＿＿＿＿＿＿之间加装＿＿＿＿＿＿。

2. 减速起动机比普通起动机的质量减少约＿＿＿＿＿＿，体积减少＿＿＿＿＿＿，＿＿＿＿＿＿增高。

3. 起动机的减速装置有三种常见形式：＿＿＿＿＿＿、＿＿＿＿＿＿和＿＿＿＿＿＿。

二、单选题

电枢移动式起动机广泛应用于（　　）。

A. 汽油发动机　　B. 大功率柴油机

C. 小型汽车　　D. 现代汽车已不再使用

第七节　起动系统故障的诊断与排除

一、填空题

1. 每次接通起动机的时间不得超过＿＿＿＿＿＿，两次之间应间歇＿＿＿＿＿＿以上。

2. 起动系统常见的故障有＿＿＿＿＿＿、＿＿＿＿＿＿、＿＿＿＿＿＿和＿＿＿＿＿＿等。

3. 电枢绕组容易发生的故障有＿＿＿＿＿＿、＿＿＿＿＿＿、＿＿＿＿＿＿。

4. 发现起动系统工作异常时，应及时＿＿＿＿＿＿再起动。

5. 诊断起动系统故障时，首先检查＿＿＿＿＿＿，是否具有起动系统故障信息，再进行＿＿＿＿＿＿。

6. 接通起动开关，起动机转动缓慢或不能连续运转的现象属于＿＿＿＿＿＿故障。

二、单选题

1. 起动机使用中应注意（　　）。

A. 起动时，变速器应挂入前进挡或倒车挡

B. 因为有单向离合器，所以不用及时切断起动挡

C. 起动无力应立即拆检起动机

D. 每次接通起动机的时间不得超过 5 s,两次之间应间歇 15 s 以上

2. 每次制动试验的时间,不得超过(　　),以免损坏起动机或蓄电池。

A. 3 s　　B. 5 s　　C. 7 s　　D. 15 s

3. 用万用表检查磁场绕组时,电阻显示∞,说明磁场绕组(　　)。

A. 断路　　B. 短路　　C. 正常　　D. 搭铁

4. 引起起动机空转的原因之一是(　　)。

A. 蓄电池亏电　　B. 电刷过短

C. 皮带打滑　　D. 单向离合器打滑

5. 蓄电池充电不足或与起动机导线接触不良很有可能造成(　　)。

A. 起动机不转　　B. 起动机转动无力

C. 起动机空转　　D. 热车时起动机不起动

6. 下列故障不会造成单向离合器不回位的是(　　)。

A. 蓄电池亏电　　B. 电磁开关回位弹簧折断

C. 单向离合器在转子轴上卡住　　D. 活动铁芯卡住

7. 点火开关故障会导致(　　)。

A. 起动机不转　　B. 起动机空转

C. 起动机异响　　D. 起动机失去自动保护功能

8. 下列关于起动机的说法错误的是(　　)。

A. 点火开关打到起动挡,起动机不转则故障在起动机

B. 起动机单向离合器打滑会导致发动机不能正常起动

C. 蓄电池亏电则起动机起动无力

D. 电刷与换向器接触不良则起动机起动无力

9. 下列不属于引起起动机运转无力的原因的是(　　)。

A. 吸引线圈断路　　B. 蓄电池亏电

C. 换向器脏污　　D. 电磁开关中接触片烧蚀、变形

10. 下列不属于引起动机起动不转的原因的是(　　)。

A. 蓄电池亏电或内部损坏

B. 线路故障,导线断路、接触不良或连接错误

C. 点火开关或起动继电器有故障

D. 单向离合器失效打滑

11. 接通起动开关,可听到"嘎、嘎"的齿轮撞击声,其原因可能是(　　)。

A. 起动机齿轮或飞轮齿圈牙齿损坏

B. 起动机固定螺钉松动或离合器壳松动

C. 电磁开关内部线路接触不良

D. 以上都是

三、判断题

1. 起动机的磁场线圈与外壳之间始终是导通的。(　　)
2. 电枢轴承过紧可能会造成起动机不转。(　　)
3. 蓄电池存电不足可能会造成起动机运转无力。(　　)
4. 发电机中性点无电压会造成起动机失去自动保护功能。(　　)
5. 起动机固定螺栓松动可能会造成起动机运转异响。(　　)
6. 起动机电刷由两个绝缘电刷和两个搭铁电刷组成。(　　)
7. 电刷磨损过多,弹簧过软,使电刷与换向器接触不良易造成起动机空转。(　　)
8. 单向离合器失效可能会造成起动机空转。(　　)
9. 起动机失去自动保护功能的原因之一是发电机中性点无电压。(　　)
10. 吸引线圈断路必然会造成起动机空转。(　　)

四、综合题

1. 起动机空转的原因有哪些?

2. 起动机失去自动保护功能的原因有哪些?

第三章　点火系统

教学目标

1. 了解点火系统的作用和基本要求。
2. 了解有分电器计算机控制点火系统的组成、原理。
3. 了解无分电器点火系统的组成、原理。
4. 熟悉有分电器计算机控制点火系统零部件的结构和检查方法。
5. 熟悉无分电器点火系统零部件的结构和检查方法。
6. 了解电容储能式点火系统的组成、原理和故障诊断。
7. 会拆卸和更换火花塞，设定火花塞电极间隙。
8. 会用万用表、示波器、正时灯等检测仪器检查点火系统。
9. 了解点火系统常见故障的现象。
10. 初步掌握点火系统常见故障的诊断方法。

教学目标项目表

知识要点	认知要求		
	了解	熟悉	掌握
1. 点火系统的作用和基本要求			√
2. 有分电器计算机控制点火系统的组成、原理	√		
3. 无分电器点火系统的组成、原理			√
4. 有分电器计算机控制点火系统零部件的结构和检查方法	√		
5. 无分电器点火系统零部件的结构和检查方法		√	

续表

知识要点	认知要求		
	了解	熟悉	掌握
6. 电容储能式点火系统的组成、原理和故障诊断	√		
7. 拆卸和更换火花塞，设定火花塞电极间隙			√
8. 用万用表、示波器、正时灯等检测仪器检查点火系统			√
9. 点火系统常见故障的现象		√	
10. 点火系统常见故障的诊断方法		√	

第一节　概　述

一、填空题

1. 汽车点火系统按一次电路通断的控制方式不同可分为____________、____________和____________3 种类型。

2. 目前应用在汽车上的蓄电池点火系统，按点火能量的存储方式不同，可分为____________和____________两类。

3. 在火花塞电极间产生火花所需要的最低电压，称为____________。

4. 火花塞的击穿电压将随发动机的____________、____________、____________以及____________变化而变化。

5. 点火系统应按发动机的____________进行点火。

6. 从点火开始到活塞运行到上止点时____________所转过的角度，称为点火提前角。

7. 发动机起动和怠速时要求点火提前角____________，甚至____________。

8. 通常用“辛烷值”来表示汽油的____________性能。

9. 压缩比越大，气缸压缩终了的____________和____________越高，混合气的燃烧速度越____________。因此，随着压缩比的增高，最佳点火提前角可相应____________。

二、单选题

1. 使火花塞可靠地产生足够强的电火花，以点燃气缸内的(　　)。

A. 汽油　　B. 柴油　　C. 空气　　D. 可燃混合气

2. 在火花塞电极间产生火花所需要的最低电压，称为(　　)。

A. 击穿电压　　B. 火花电压　　C. 电极电压　　D. 间隙电压

3. 相较于其他工况,起动时的击穿电压(　　)。

A. 较低　　B. 一样高　　C. 最高　　D. 最低

4. 为了保证可靠点火,点火系统提供的能量通常为(　　)。

A. 10 ~ 15 mJ　　B. 20 ~ 40 mJ　　C. 40 ~ 50 mJ　　D. 50 ~ 80 mJ

5. 压缩行程中,从点火开始到活塞运行到上止点时曲轴所转过的角度,称为(　　)。

A. 点火提前角　　B. 闭合角　　C. 进气开角　　D. 排气早开角

6. 其他因素不变的情况下,最佳点火提前角应随转速的升高而(　　)。

A. 不变　　B. 增大　　C. 减小　　D. 不一定

7. 转速不变的情况下,最佳点火提前角应随发动机负荷的增加而(　　)。

A. 不变　　B. 增大　　C. 减小　　D. 不一定

8. 随着汽油辛烷值的增大,最佳点火提前角可适当(　　)。

A. 不变　　B. 增大　　C. 减小　　D. 不一定

9. 随着压缩比的增大,最佳点火提前角可适当(　　)。

A. 不变　　B. 增大　　C. 减小　　D. 不一定

10. 当过量空气系统 $\alpha = 0.8 \sim 0.9$ 时,燃烧速度最快,最佳点火提前角(　　)。

A. 最大　　B. 最小　　C. 较大　　D. 较小

11. 表示点火时刻的参数是(　　)。

A. 点火顺序　　B. 击穿电压

C. 闭合角　　D. 点火提前角

三、判断题

1. 发动机转速与最佳点火提前角的关系是线性关系。(　　)

2. 通常用"辛烷值"来表示汽油的抗爆性能。(　　)

3. 点火系统产生的点火电压约为 100 V。(　　)

4. 点火时刻在活塞排气行程的上止点。(　　)

5. 在转速不变的情况下,发动机的最佳点火提前角应随发动机的负荷增加而减小。(　　)

6. 发动机起动和怠速时,虽然混合气的燃烧速度较慢,但混合气全部燃烧时只占较小的曲轴转角,如果点火过早,可能使曲轴反转。(　　)

四、综合题

1. 为了保证可靠点火,点火系统应满足哪些要求?

2. 影响最佳点火提前角的因素有哪些？

3. 点火提前角过大，会出现哪些故障现象？为什么？

第二节 有分电器计算机控制点火系统

一、填空题

1. 有分电器计算机控制点火系统由__________、__________、__________、__________、__________、__________、__________、__________和__________等组成。

2. 计算机控制单元，俗称电脑，简称__________。

3. 传感器是将__________或__________整理或转变为__________的装置。

4. 点火控制器根据计算机控制单元输出的__________控制__________的通断。

5. 点火系统中执行点火的装置是__________。

6. 点火系统中产生高压的核心装置是__________。

7. __________用来接通和断开点火系统的电源电路，控制发动机的起动和熄火。

8. 点火线圈利用__________原理，将电源提供的低压电转变为__________。

9. 点火提前角开环控制的修正提前角一般是采用____________和____________的方法获得。

10. 曲轴每转两圈,各缸火花塞按点火顺序轮流跳火____________次。

11. 计算机控制点火系统的点火提前角由____________、____________和____________3 部分组成。

12. 现在绝大多数车型采用的点火提前角控制方式是____________。

13. 点火提前角的闭环控制方式是根据发动机实际运行结果的反馈信息来控制点火提前角,所以闭环控制又称为____________。

14. 一次电路导通角与发动机转速成____________,发动机转速越高,导通角____________。

15. 空气流量计位于进气管中的空气滤清器与节气门之间,主要有____________、____________和____________3 种形式。

二、单选题

1. (　　)将电源提供的低压电转变成能击穿火花塞电极间隙的高压电。

A. 信号发生器　　B. 点火线圈
C. 分电器　　D. 火花塞

2. (　　)将高压电引入燃烧室,产生电火花。

A. 信号发生器　　B. 点火线圈
C. 分电器　　D. 火花塞

3. 火花塞绝缘体裙部的温度保持在 500 ~ 700 ℃时,落在绝缘体上的油滴能立刻烧掉,不致形成积炭,这个温度称为火花塞的(　　)。

A. 绝缘温度　　B. 燃烧温度
C. 积炭温度　　D. 自净温度

4. 绝缘体裙部长的火花塞,其受热面积大,而传热距离长,散热困难,称为(　　)火花塞。

A. 热型　　B. 冷型
C. 短型　　D. 长型

5. 绝缘体裙部短的火花塞,其受热面积小,而传热距离短,散热容易,称为(　　)火花塞。

A. 热型　　B. 冷型
C. 短型　　D. 长型

6. 低热值型火花塞适用于(　　)。

A. 低速连续行驶,小负荷缓慢行驶
B. 高速连续行驶,小负荷缓慢行驶
C. 低速连续行驶,大负荷缓慢行驶

D. 高速连续行驶,大负荷缓慢行驶

7. 下列关于火花塞的说法错误的是(　　)。

A. 火花塞电极间隙一般为0.7~0.9 mm

B. 火花塞自净温度为500~700 ℃

C. 绝缘体裙部长的火花塞称为“热型”火花塞

D. 火花塞经常产生积炭说明火花塞偏热

8. 点火系统中产生电火花的元件是(　　)。

A. 火花塞　　B. 点火线圈　　C. 高压导线　　D. 点火开关

9. 点火线圈产生高压电的工作原理是(　　)。

A. 互感原理　　B. 霍尔效应　　C. 光电效应　　D. 热敏效应

10. 目前最先进的点火系统是(　　)。

A. 传统点火系统　　B. 半导体点火系统

C. 电子点火系统　　D. 计算机控制点火系统

11. 下列不属于计算机控制点火系统的点火提前角的是(　　)。

A. 修正点火提前角　　B. 原始点火提前角

C. 基本点火提前角　　D. 加强点火提前角

12. 下列不属于微机控制单元确定修正点火提前角时需要考虑的内容的是(　　)。

A. 暖机修正　　B. 爆震反馈修正

C. 怠速稳定性修正　　D. 转速修正

13. 闭环控制所用的反馈信号最多的是(　　)。

A. 气缸压力信号　　B. 转速信号

C. 爆震信号　　D. 氧传感器信号

14. ECU 根据发动机转速和空调开关是否接通来确定(　　)。

A. 修正点火提前角　　B. 原始点火提前角

C. 基本点火提前角　　D. 加强点火提前角

15. 如果空调开关接通,则怠速或减速工况下基本点火提前角的最小值(　　)。

A. 减小　　B. 增大

C. 不变　　D. 以上都不对

16. 曲轴位置传感器信号用来(　　)。

A. 确定闭合角　　B. 确定各缸的点火时刻

C. 确定 ECU 转速信号　　D. 确定次级电压

17. 下列不属于发动机负荷传感器的是(　　)。

A. 节气门位置传感器　　B. 空气流量传感器

C. 发动机转速传感器　　D. 空调开关

18. 下列不属于修正发动机点火提前角的传感器是(　　)。

A. 氧传感器　　B. 爆震传感器

C. 曲轴位置传感器　　　　　　　D. 水温传感器

19. (　　)必须在车上或专用检测仪上与有关电路元件配合,在通电或运行状态下进行检查。

A. 点火线圈　　　B. 高压线　　　C. 点火继电器　　D. ECU

20. 用万用表检查爆震传感器接线柱与外壳间的(　　),若导通则需更换爆震传感器。

A. 电压　　　　B. 电流　　　　C. 电阻　　　　D. 电容

三、判断题

1. 不同型号的火花塞可以通用。(　　)

2. 过大的初级电路电阻会降低次级电压。(　　)

3. 点火系统产生的点火电压约为 100 V。(　　)

4. 火花塞的热特性主要取决于火花塞绝缘体裙部的长度。(　　)

5. 绝缘体裙部短的火花塞,称为热型火花塞。(　　)

6. 热型火花塞适用于高速、高压缩比的大功率发动机。(　　)

7. 当点火开关处于接通位置或发动机正在运转时,不得断开或连接任何线束或点火控制器的插接器。(　　)

8. 为保证点火系统正常工作,应定期检查点火线圈和各高压线是否有积垢或油污,如有积垢或油污,应用水清洗。(　　)

9. 点火线圈次级绕组的匝数比初级绕组的匝数少。(　　)

10. 次级电流流经的电路,称为次级电路,也称低压电路。(　　)

11. 点火控制器根据计算机控制单元输出的点火控制信号控制点火线圈次级电路的通断。(　　)

12. 采用以爆震信号作为反馈信息的闭环控制方式,氮氧化合物排放明显增多。(　　)

13. 发动机冷车起动后,当冷却水温度较低时,应减小点火提前角。(　　)

14. 为了提高发动机转速的稳定性,在反馈修正供油量减少使混合气较稀时,可适当地增大点火提前角。(　　)

15. 曲轴位置传感器用来反映活塞在气缸中的位置,提供活塞上止点信号,以便确定各缸的点火时刻。(　　)

16. 判缸信号传感器用来判断到底是哪一个气缸的活塞到达压缩行程下止点。(　　)

17. 在有分电器计算机控制点火系统使用和检修中,不能随意拆卸蓄电池的搭铁线,拆卸前还要注意读取故障代码。(　　)

18. 点火系统有关线路电缆的拔下和插上必须在关闭点火开关后进行。(　　)

19. 诊断故障时,应充分利用故障自诊断系统,以求事半功倍。(　　)

四、综合题

1. 下图是有分电器计算机控制点火系统工作原理图。

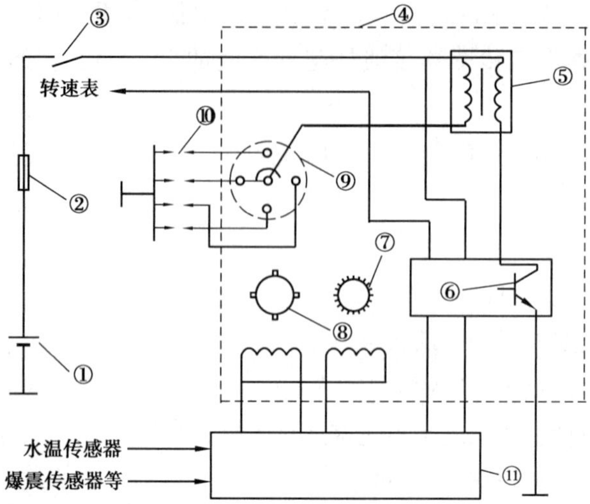

请从上图找出零件名称对应的数字序号,填写在表中对应位置。

部件名称	序号
蓄电池	
点火开关	
点火线圈	
火花塞	
分电器	
熔断器	
配电器	
曲轴转速传感器	
ECU	
曲轴位置传感器	
点火控制器	

2. 发动机负荷传感器有哪些,并简述各传感器的作用。

3. 下图是汽车点火系统火花塞构造图。

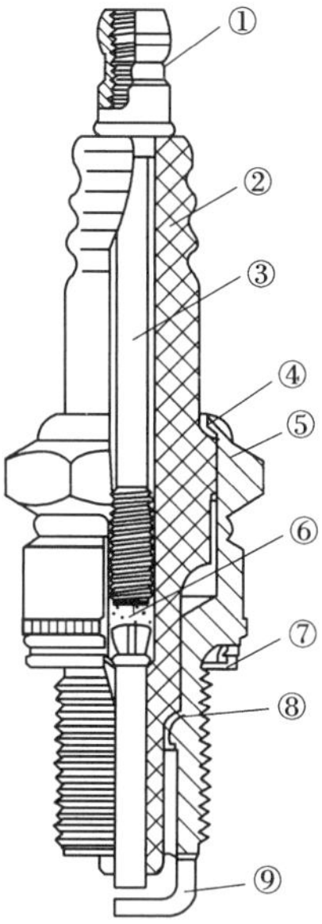

请写出上图中数字序号对应的零件名称。

①:__________　②:__________　③:__________

④:__________　⑤:__________　⑥:__________

⑦:__________　⑧:__________　⑨:__________

第三节　无分电器点火系统

一、填空题

1. 无分电器点火系统,又称为__________,它取消了__________,其高压配电由原来的机械式改为__________。

2. 无分电器点火系统由__________、__________、__________、__________、__________、__________、__________、和__________等组成。

3. 无分电器点火系统的高压配电方式有__________和__________两种。

4. 单独点火方式是__________个缸的火花塞配用一个点火线圈,单独向各缸直接点火。

5. 同时点火方式是利用__________个点火线圈对活塞接近压缩上止点和__________上止点的两个气缸同时进行点火的高压配电方法。

6. __________点火方式只能用于气缸数为偶数的发动机,而__________点火方式则不受气缸数的限制。

7. 同时点火方式又分为__________配电方式和__________配电方式两种。

8. 二极管配电方式的主要特点是一个点火线圈组件为____________个火花塞提供高压,因此特别适合四缸或八缸发动机。

9. 由于大功率晶体管工作电流大、温度高,故障率相对较高,为了便于散热、检修,许多元分电器点火系统将点火控制器分为____________和____________两部分。

10. 单独点火方式特别适合在____________发动机上配用。

二、单选题

1. 下列不属于无分电器点火系统优点的是(　　)。

A. 工作可靠性更高　　B. 点火能量更大

C. 油耗降低　　D. 点火正时调整方便

2. 下列不属于无分电器点火系统组成部件的是(　　)。

A. 点火开关　　B. 点火控制器

C. ECU　　D. 配电器

3. 有的无分电器点火系统还将点火线圈直接安装在火花塞上方,取消了(　　)。

A. 高压线　　B. 分电器

C. 点火控制器　　D. 点火开关

4. 同时点火方式是利用一个点火线圈对(　　)的两个气缸同时进行点火的高压配电方法。

A. 活塞接近进气上止点和排气上止点

B. 活塞接近压缩上止点和排气上止点

C. 活塞接近压缩上止点和进气上止点

D. 活塞接近做功上止点和进气上止点

5. 同时点火方式只能用于气缸数为(　　)的发动机。

A. 奇数　　B. 偶数

C. 不受缸数限制　　D. 以上都不对

6. 单独点火方式只能用于气缸数为(　　)的发动机。

A. 奇数　　B. 偶数

C. 不受缸数限制　　D. 以上都不对

7. 改变曲轴位置和转角传感器或判缸信号传感器的定子部分(传感部分)安装位置能调整(　　)。

A. 初始点火提前角　　B. 修正点火提前角

C. 基本点火提前角　　D. 加强点火提前角

8. 在一个发动机工作循环中,同时点火方式的每个火花塞要跳(　　)火。

A. 一次　　B. 两次

C. 四次　　D. 1/2 次

9. 如果点火控制器的大功率晶体管和点火线圈一体,则无法用万用表电阻挡检查

(　　)。

A. 初级绕组通断　　B. 次级绕组通断

C. 点火继电器通断　　D. 以上都不对

10. 独立点火的四缸汽油发动机,点火线圈的数量共有(　　)。

A. 1 个　　B. 2 个　　C. 3 个　　D. 4 个

11. 对于无分电器点火系统,输出点火信号的元件是(　　)。

A. 火花塞　　B. 高压线

C. 发动机控制单元　　D. 点火线圈

三、判断题

1. 无分电器点火系统无须进行点火正时方面的调整,使用维护更加简便。(　　)

2. 采用同时点火方式,活塞接近压缩上止点的气缸,火花塞产生的电火花是无效火花。(　　)

3. 绝大部分单独点火方式的无分电器点火系统均采用有高压线的直接点火方式。(　　)

4. 单独点火方式只能用于气缸数为偶数的发动机。(　　)

5. 无分电器点火系统的点火线圈可以采用完全的闭磁路结构,提高能量利用率。(　　)

6. 如果点火线圈次级绕组输出端连接有高压二极管,则无法用万用表电阻挡检查二次绕组的通断。(　　)

7. 如果点火控制器的大功率晶体管和点火线圈是一体的,则无法用万用表电阻挡检查初级绕组通断。(　　)

8. 尽量少用或者不用将高压线断路的方法检查二极管配电方式点火系统的故障,以免造成高压二极管损坏。(　　)

9. 如果使曲轴位置传感器的定子部分沿着传感器转子工作时的旋转方向转过一定角度,则初始点火提前角增大。(　　)

10. 如果使判缸信号传感器的定子部分沿传感器转子工作时的旋转方向逆向转过一定角度,则初始点火提前角增大。(　　)

四、综合题

1. 下图是无分电器点火系统结构图。

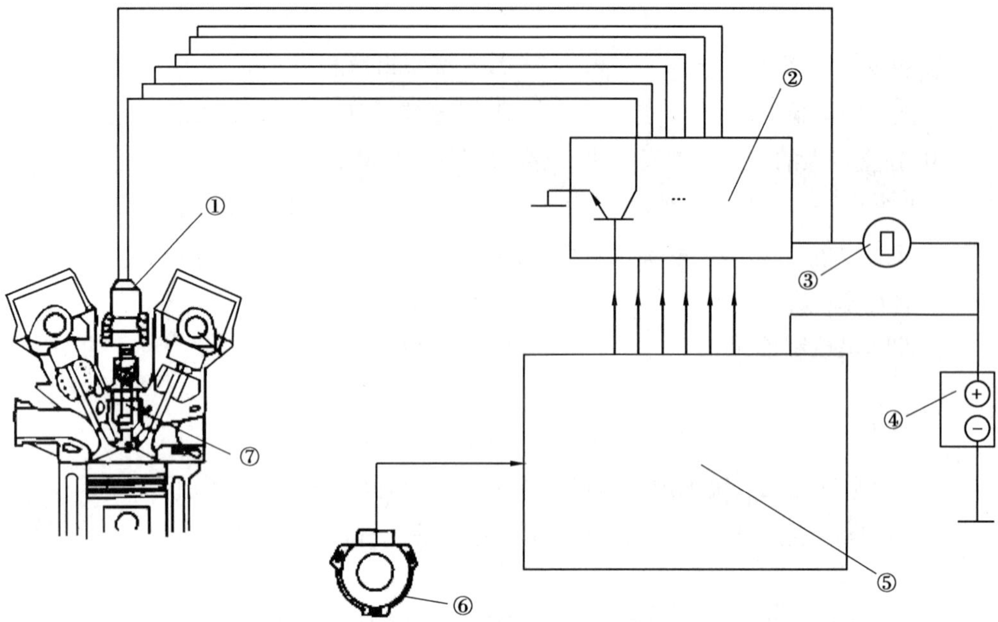

请从上图找出零件名称对应的数字序号,填写在表中对应位置。

名称	数字序号
蓄电池	
点火开关	
点火线圈	
火花塞	
ECU	
点火控制器	
传感器	

2. 简述单独点火与同时点火的区别。

第四节　点火系统故障的诊断与排除

一、填空题

1. 在发动机各种工况和使用条件下,各缸火花塞都能形成能量足够的__________。

2. 点火次序与发动机各缸的____________顺序一致。

3. 在发动机各种工况和使用条件下，____________都比较适当。

4. ____________断开后，发动机迅速熄火。

5. 当发动机不能起动或工作异常，怀疑是点火系统故障时，首先利用____________进行诊断和检查，结合____________，最后通过____________查明故障部位和原因。

6. 清除了故障码以后，要对车辆进行____________。

7. 采用点火线圈配电方式的点火系统，一次试火就可以检查出____________个气缸的工作情况。

8. 采用单独点火方式的发动机工作不正常时，可用____________或____________确定工作不良的气缸。

二、单选题

1. 点火线圈“ - ”接线柱和机体之间的电压随曲轴转动变化的规律，简称(　　)。

A. 二次波形　　B. 一次波形

C. 重叠波形　　D. 并列波形

2. 中央高压线和机体之间的电压(包括火花塞、高压线、分火头等处的次级电压)随曲轴转动变化的规律，简称(　　)。

A. 二次波形　　B. 一次波形

C. 重叠波形　　D. 并列波形

3. 将所有气缸的一次或二次波形按点火次序自左而右排列形成的波形称为一次或二次(　　)。

A. 并列波　　B. 平列波

C. 重叠波　　D. 直列波

4. 将所有气缸的一次或二次波形按点火次序自下而上排列形成的波形称为一次或二次(　　)。

A. 并列波　　B. 平列波

C. 重叠波　　D. 直列波

5. 将所有气缸的初级或次级波形重叠放在一起形成的波形称为一次或二次(　　)。

A. 并列波　　B. 平列波

C. 重叠波　　D. 直列波

三、判断题

1. 拆下蓄电池负极电缆 10 s 以上可以清除故障码。(　　)

2. 将点火开关断开，从发动机接线盒中拆下 EFI 熔断器，10 s 之后便可清除储存在 ECU 中的故障码。(　　)

3. 当点火开关旋至接通位置且不起动发动机时，检查发动机警报灯不会亮。(　　)

4. 维修人员读出故障码后，可根据故障代码表查出故障码的含义、类型以及故障范围。(　　)

5. 读出故障码就知道故障的全部原因。(　　)

6. 通过单缸二次直列波可以诊断点火控制器搭铁不良、限流失效等故障。(　　)

7. 并列波能显示所有各缸波形，便于比较各缸闭合角大小、点火早晚等。(　　)

8. 如果一个高压二极管断路，则会导致火花塞同时跳火的两个气缸不工作。(　　)

9. 利用二次平列波，可以方便快捷地诊断点火系统一次电路的故障。(　　)

10. 初级电路接通后，初级电流增长引起的振荡，称为第一次振荡。(　　)

四、综合题

1. 简述点火系统正常工作时的 4 个特征。

2. 简述利用发动机 ECU 的自诊断功能诊断和检查故障的流程。

第五节　电容储能式点火系统简介

一、填空题

1. 由于抗火花塞积炭和污染的能力强，电容储能式点火系统在____________汽油机上的应用比较广泛。

2. 电容储能式点火系统主要由____________、____________、____________、____________、____________、____________以及____________、____________、____________、____________等组成。

3. 直流升压器一般由____________、____________和____________3 部分组成。

4. ____________用来储存点火所需的能量，并通过点火线圈初级绕组放电在次级绕组中感应出火花塞跳火所需的高压电动势。

5. ___________起开关作用,控制点火线圈初级电路的通断。

6. 触发器可分为___________和___________两大类。

7. 晶闸管的控制极只能控制晶闸管的_________,而不能控制晶闸管_________。

二、单选题

1. (　　)的作用是将电源的低压直流电变为 300 ~ 500 V 的高压直流电,以便给储能电容充电。

A. 直流升压器　　B. 储能电容

C. 晶闸管　　D. 点火线圈

2. (　　)用来产生点火信号,触发晶闸管导通。

A. 直流升压器　　B. 储能电容

C. 晶闸管　　D. 触发器

3. (　　)将储能电容为 300 ~ 500 V 的低压电转变为 20 ~ 30 kV 的高压电,为火花塞提供工作电压。

A. 直流升压器　　B. 储能电容

C. 晶闸管　　D. 点火线圈

4. 晶闸管截止后,切断了(　　)和点火线圈初级绕组之间的连接。

A. 直流升压器　　B. 储能电容

C. 晶闸管　　D. 点火线圈

5. 晶闸管的工作状态完全由阳极和阴极之间的(　　)决定。

A. 电阻　　B. 电压

C. 电流　　D. 功率

三、判断题

1. 在电容储能式点火系统中,一次电压上升速率极大、上升时间极短,使二次电压对火花塞积炭或污染不敏感,提高了火花塞抗污染的能力。(　　)

2. 在电容储能式点火系统中,各转速下点火能量恒定,且能量利用率高。(　　)

3. 电容储能式点火系统的结构比较复杂,成本较高。(　　)

4. 电容储能式点火系统在低速小功率汽油机上应用较多。(　　)

5. 电容储能式点火系统每个工作循环包括两个阶段。(　　)

四、综合题

1. 下图是电容储能式点火系统结构图。

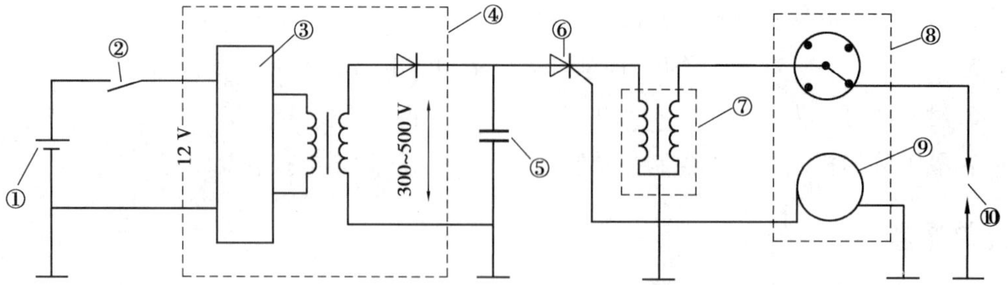

请从上图找出零件名称对应的数字序号，填写在表中对应位置。

名称	数字序号
蓄电池	
点火开关	
点火线圈	
火花塞	
晶闸管	
分电器	
触发器	
振荡器	
直流升压器	
储能电容	

2. 简述电容储能式点火系统每个工作循环的 3 个阶段。

第四章　照明、信号、仪表、报警系统

教学目标

1. 了解汽车灯具的种类、用途及要求。
2. 掌握汽车前照灯的结构、类型、检测及调整方法。
3. 掌握汽车前照灯控制电路，了解前照灯防眩目措施。
4. 了解前照灯辅助装置。
5. 掌握汽车各种仪表的用途，了解其工作原理。
6. 了解汽车电子显示装置的基本原理。
7. 掌握各种信号电路及基本原理。
8. 了解汽车警报信号装置的作用、组成、控制电路、工作原理。
9. 掌握照明、信号、仪表和警报装置常见故障的诊断与排除。

教学目标项目表

知识要点	认知要求		
	了解	熟悉	掌握
1. 汽车灯具的种类、用途及要求	√		
2. 汽车前照灯的结构、类型、检测及调整方法			√
3. 汽车前照灯控制电路和前照灯防眩目措施			√
4. 前照灯辅助装置	√		
5. 汽车各种仪表的用途及工作原理			√
6. 汽车电子显示装置的基本原理	√		
7. 各种信号电路及基本原理			√

续表

知识要点	认知要求		
	了解	熟悉	掌握
8. 汽车警报信号装置的作用、组成、控制电路、工作原理	√		
9. 照明、信号、仪表和警报装置常见故障的诊断与排除			√

第一节　汽车灯具概述

一、填空题

1. 汽车灯具按功能可分为____________和____________两大类。

2. 汽车灯具按安装位置可分为____________和____________。

3. 牌照灯用来照明后牌照，功率一般为 5 ~ 10 W，确保行人在车后____________处能看清牌照上的文字及数字。

4. 左、右两边布置的灯具____________、____________必须一致，安装位置对称。

5. 前、后转向信号灯，危险警报闪光灯及制动灯白天距____________m 可见。

6. 侧转向信号灯白天距____________m 可见。

7. 前、后位置灯和示廓灯夜间良好天气距____________m 可见。

8. 制动灯的发光强度应明显____________后位灯。

9. 前位灯、后位灯、示廓灯、牌照灯和仪表灯应能____________，当前照灯关闭或发动机熄火时仍能____________。

10. 危险警报指示灯的操纵装置应不受____________和____________的控制。

二、单选题

1. 前雾灯的光色为(　　)。

A. 橙黄色　　B. 红色　　C. 白色　　D. 以上均可

2. 下列属于白色外部灯具的是(　　)。

A. 后雾灯　　B. 阅读灯　　C. 转向信号灯　　D. 前照灯

3. 制动灯的光色为(　　)。

A. 黄色　　B. 红色　　C. 白色　　D. 以上均可

4. 倒车灯的光色为(　　)。

A. 黄色　　B. 红色　　C. 白色　　D. 以上均可

5. 下列灯具中，没有防眩目措施的是(　　)。

A. 制动灯　B. 前雾灯　C. 前照灯近光　D. 前照灯远光

6. 下列灯具中，既属于照明灯具也属于信号灯具的是(　　)。

A. 后雾灯　B. 前照灯　C. 制动灯　D. 危险警报灯

7. 下列灯具中，不属于强制安装的是(　　)。

A. 危险警报信号灯　B. 制动灯

C. 驻车灯　D. 牌照灯

8. 下列灯具中，不是红色的是(　　)。

A. 后示位灯　B. 牌照灯　C. 后雾灯　D. 制动灯

9. 下列关于汽车灯具的要求，说法错误的是(　　)。

A. 照明设备与信号装置应安装可靠、完好有效

B. 所有灯光开关应安装牢固、开关自如

C. 汽车左右两边的灯具光色、规格必须一直，安装位置不对称。

D. 开关的位置应便于驾驶员操纵

10. 下列灯具中，属于内部灯具的是(　)。

A. 顶灯　B. 雾灯　C. 转向信号灯　D. 倒车灯

三、判断题

1. 汽车转向信号灯在侧面可见时视为满足要求，否则应安装侧转向信号灯。(　　)

2. 常见的外部灯具有前照灯、雾灯、牌照灯、倒车灯、制动灯、转向灯、示位灯、示廓灯、驻车灯、门灯和警示灯。(　　)

3. 驻车灯装于车头和车尾两侧，要求车前处光色为红色，车尾处光色为白色。(　　)

4. 仪表照明灯一般与示位灯、牌照灯串联。(　　)

5. 汽车前照灯必须强制安装。(　　)

6. 除前照灯的近光外，所有灯光均不得眩目。(　　)

7. 当关闭前照灯或发动机熄火时，示位灯、牌照灯、仪表灯仍能点亮。(　　)

8. 所有车灯均采用并联电路。(　　)

9. 照明和信号装置的任一条线路出现故障，不得干扰其他线路的工作。(　　)

10. 外部灯具光色一般采用白色、橙黄色和蓝色。(　　)

四、综合题

1. 对汽车灯具的要求有哪些?

2. 汽车上常见的外部灯具主要有哪些?

第二节　汽车照明系统

一、填空题

1. 照明设备能提供车前道路____________m 以上均匀的照明,在会车时,不应对迎面来车的驾驶员造成____________。

2. 汽车照明系统由____________、____________及其____________等组成。

3. 照明装置包括____________、____________和____________3 部分。

4. ____________也称大灯或头灯,主要用于夜间行车时道路照明,灯光为____________,包括____________和____________。

5. 前照灯的光学组件包括____________、____________和____________3 部分。

6. 前照灯的光源有__________、__________、__________、__________和__________5 种。

7. 汽车前照灯一般是白炽灯泡,其灯丝用____________、____________的钨丝制成。

8. 卤素灯泡尺寸较小,壳体用耐高温、机械强度较高的石英玻璃和硬玻璃制成,充入惰性气体压力较高,掺入的卤素一般为____________或____________。

9. 氙气灯由____________和____________组成。

10. ____________的发光效率更高,能耗不及卤素灯的 1/2,亮度高,其使用寿命可达 10 万小时。

11. 激光灯指的是利用____________作为光源的灯。

12. ____________的作用是将灯泡的光线聚合并导向前方。

13. ____________的作用是将反射镜反射出的平行光束进行折射,使车前路面和路缘都有良好而均匀的照明。

14. 按光学组件的结构类型不同,可将前照灯分为____________、____________和____________3 种。

15. 目前国产汽车采用的防眩目措施有____________、____________、____________

3项。

16. 现代汽车前照灯的__________下方均装设配光屏,用来提高防眩目效果。

17. 前照灯的检验可采用__________和__________两种方法。

18. 倒车灯供倒车时车后的照明,并起到__________作用,灯光一般为______色。当__________接通时,自动发亮。

19. 前照灯自动变光装置可以根据迎面来车的灯光强度调节前照灯的__________。

20. 智能化灯光系统能使汽车前照灯随__________的变化而实时调整,相对行驶速度、转向盘的控制和路面“随机应变”。

21. 大灯高度调节方式包括__________和__________两类。

二、单选题

1. 夜间远光灯亮时,应能照清前方(　　)m远的道路。

A. 50　　B. 100　　C. 150　　D. 200

2. 夜间近光灯亮时,应能照清前方(　　)m远的道路并不得眩目。

A. 20　　B. 50　　C. 60　　D. 80

3. 在相同功率情况下,卤素灯的亮度是白炽灯的(　　)倍。

A. 1.2　　B. 1.5　　C. 2　　D. 3

4. 氙气灯亮度是目前卤素灯泡的(　　)倍,寿命可达卤素灯泡的(　　)倍。

A. 1.5、3　　B. 2、4　　C. 3、5　　D. 3、6

5. 当汽车前照灯的功率较小时,其电流直接受灯光(　　)控制。

A. 总开关　　B. 继电器　　C. 保险丝　　D. 以上均可

6. 下列不属于前照灯防眩目措施的是(　　)。

A. 采用不对称光型　　B. 采用远、近光束变换

C. 近光灯丝加装配光屏　　D. 远光灯丝加装配光镜

7. 下列卤素灯泡中广泛用于前照灯的是(　　)。

A. H_1 灯泡　　B. H_2 灯泡　　C. H_3 灯泡　　D. H_4 灯泡

8. 能使前照灯照距更远的光学结构是(　　)。

A. 白炽灯泡　　B. 卤素灯泡　　C. 反射镜　　D. 配光镜

9. 下列关于前照灯检验调整前的准备,说法错误的是(　　)。

A. 汽车应满载停放在平整的场地上

B. 前照灯应清洁

C. 屏幕与场地应垂直

D. 轮胎气压符合规定

10. 装于汽车尾部牌照上方或左右两侧,用来照明后牌照的灯具是(　　)。

A. 倒车灯　　B. 牌照灯　　C. 制动灯　　D. 后雾灯

11. 下列灯具中除用于室内照明外,还能当车门关闭不严时,提醒驾驶员注意的是

(　　)。

A. 顶灯　　B. 阅读灯　　C. 行李厢灯　　D. 仪表灯

三、判断题

1. 汽车的前照灯应有远、近光变换装置，并且当远光变为近光时，所有远光应能同时熄灭。(　　)

2. 四灯制前照灯并排安装时，装于外侧的一对灯应为远、近光单光束灯，装于内侧的一对灯应为远光双光束灯。(　　)

3. 反射镜的作用是将灯泡的光线聚合并导向前方。(　　)

4. 配光镜又称散光玻璃，作用是将反射镜反射出的平行光束进行折射，使车前路面和路缘都有良好而均匀的照明。(　　)

5. 为保障夜间会车安全，汽车前照灯必须具有良好的防眩目措施。(　　)

6. 封闭式前照灯的反射镜和配光镜用玻璃制成一体，里面充满气体。(　　)

7. 氙气灯由于灯泡点燃并达到灯泡正常工作温度后，维持电弧放电的功耗仅为 35 W，所以可节约 40% 的电能。(　　)

8. 倒车灯除了起信号作用，还提供倒车时车后的照明。(　　)

9. 采用智能化灯光系统的汽车，其在转弯时，外侧灯要亮些，能让驾驶员看清楚弯道情况，内侧灯要暗些，目的是不使对面会车的驾驶员感到眩目。(　　)

10. 灯光提示警报系统与自动关闭系统的作用是当点火开关关闭，但驾驶员忘记关闭灯光控制开关时，能够自动发出报警，警告驾驶员关闭前照灯和尾灯，或者自动关闭灯光。(　　)

四、综合题

1. 白炽灯泡的灯丝用熔点高、发光强的钨丝制成，由于钨丝受热后会蒸发，将缩短灯泡的使用寿命。科研技术人员采用哪些方法能提高白炽灯的使用寿命？

2. 投射式前照灯的外形特点是什么？

3. 根据《机动车运行安全技术条件》(GB 7258—2004)的规定,汽车前照灯的检查要求是什么?

4. 汽车前照灯在使用中若发光强度不够,可改用功率稍大的灯泡或灯芯,必须注意的要点有哪些?

5. 对汽车照明系统有哪些要求?

6. 如何用屏幕法检验汽车前照灯的配光性能?

7. 前照灯的防眩目措施有哪些?

8. 下图为汽车前照灯构造图。

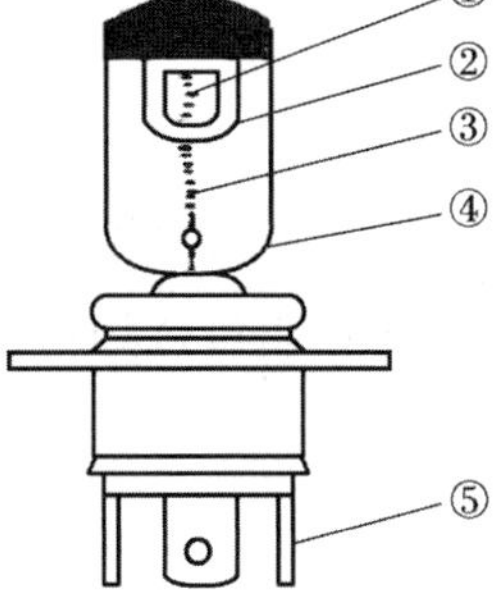

请从上图找出零件名称对应的数字序号，填写在表中对应位置。

名称	数字序号
插片	
近光灯丝	
玻璃罩	
配光屏	
远光灯丝	

第三节　汽车信号系统

一、填空题

1. 汽车信号系统的作用是通过________、________信号向其他车辆的驾驶员和行人发出有关________或状态的信息。

2. 汽车信号系统由________信号装置和________信号装置组成。

3. 声响信号装置包括________、________和________等，在汽车________、超车或________、转向时，提醒行人和其他车辆注意。

4. 蜂鸣器有________蜂鸣器和________蜂鸣器之分。

5. 电喇叭直接由________控制，倒车蜂鸣器由________控制，转向蜂鸣器由________控制。

6. 灯光信号装置包括________、________、危险警告信号灯及示廓灯、停车灯、________、门灯等。

7. 在汽车________、________、________和________时，左侧或右侧的转向信号灯会发出明暗交替的闪光信号，以示汽车改变行驶方向。

8. 在汽车制动时，其尾部的________应发出较强的红光，以示汽车紧急减速，提醒后面的车辆和行人注意。

9. 电喇叭有________、________和________等不同的结构形式。

10. 转向信号灯电路主要由________、________、________等组成。

11. 常见闪光器有________、________、________3 类。

12. 电容式闪光器具有________功能，当一侧转向灯有一只或一只以上转向灯泡烧断或接触不良时，闪光器就使该侧转向灯接通时________，以示该侧转向灯电路异常。

13. 翼片式闪光器分为________和________两种。

14. 直热翼片式闪光器主要由________、________、________等组成。

15. 晶体管式闪光器有__________、__________、__________等。

16. 汽车倒车将要遇到障碍物时，带有超声波的倒车雷达系统开始发出警报声响，距离障碍物越近声音越__________，距离小于最小值后变为长鸣。

17. 汽车后部装有倒车灯和倒车蜂鸣器，均由装在变速器上的__________控制。

二、单选题

1. 转向灯闪烁是由闪光器控制(　　)通断实现的。

A. 电流　　B. 电压　　C. 开关　　D. 电阻

2. 转向信号灯和转向指示灯闪烁，频率为(　　)次/min。

A. 50　　B. 60　　C. 70　　D. 80

3. 当汽车起步、转弯、变更车道或路边停车时，需要打开的信号灯具是(　　)。

A. 前雾灯　　B. 制动灯　　C. 转向灯　　D. 倒车灯

4. 能够表示车辆行驶趋向，提醒周围车辆和行人注意的灯具是(　　)。

A. 前雾灯　　B. 制动灯　　C. 转向灯　　D. 倒车灯

5. 制动灯的红色信号应保证夜间(　　)以外能够看清。

A. 50 m　　B. 100 m　　C. 120 m　　D. 150 m

6. 危险警告信号灯与下列哪个信号采用同一套灯具？(　　)

A. 制动信号　　B. 转向信号　　C. 倒车信号　　D. 位置信号

7. 气喇叭是利用气流使金属膜片振动发声，多用在(　　)。

A. 装有液压制动的小轿车上　　B. 装有气压制动的小轿车上

C. 装有液压制动的载重汽车上　　D. 装有气压制动的载重汽车上

8. 螺旋形、盆形电喇叭调整一般有铁芯气隙调整和触点预压力调整两项，前者调整喇叭的(　　)，后者调整喇叭的(　　)。

A. 音调、音调　　B. 音量、音量　　C. 音调、音量　　D. 音量、音调

9. 汽车喇叭声级在距车前(　　)m、离地面(　　)m 处测量时，其值应为 90 ~ 115 dB。

A. 2、1.2　　B. 2、1.5　　C. 3、1.2　　D. 3、1.5

10. 下列电喇叭类型中，具有结构尺寸小、重量轻、指向性好等特点的是(　　)。

A. 螺旋形电喇叭　　B. 盆形电喇叭

C. 筒形电喇叭　　D. 楔形电喇叭

11. 变速器挂入倒挡时，会打开的声光信号装置是(　　)。

A. 倒车灯　　B. 倒车蜂鸣器　　C. 倒车雷达　　D. 以上都对

12. 倒车雷达是根据哪种动物的习性设计出来的？(　　)

A. 蜻蜓　　B. 蝙蝠　　C. 熊猫　　D. 企鹅

三、判断题

1. 翼片式和带继电器的晶体管式闪光器结构简单、体积小、闪光频率稳定、监控作用明显、工作时伴有响声，故被广泛使用。(　　)

2. 带继电器的晶体管闪光器主要由晶体管开关电路和小型继电器组成。(　　)

3. 当接通危险警报信号开关时，所有转向信号灯同时闪烁，表示车辆遇紧急情况，请求其他车辆避让。(　　)

4. 电动气喇叭一般制成可调式。(　　)

5. 电喇叭音调的高低与铁芯气隙有关，铁芯气隙小时，膜片的振动频率高；气隙大时，膜片的振动频率低。(　　)

6. 电喇叭音量和音调的调整并不是完全独立的，它们两者实际上是相互关联的，因此两者需反复调试才会获得最佳效果。(　　)

7. 倒车灯和倒车蜂鸣器(或倒车语音警报器)均由装在变速器上的倒挡开关控制。(　　)

8. 当踩下制动踏板时，倒挡开关接通倒车警报器和倒车灯电路，从而发出声光倒车信号。(　　)

9. 倒车蜂鸣器是一种间歇发声的音响装置。(　　)

10. 当驾驶员把变速杆挂入倒挡时，倒车雷达系统通过手动启动。(　　)

四、综合题

1. 简述电容式闪光器的工作原理。

2. 如何调整盆形电喇叭的音调和音量？

3. 下图为电喇叭构造图。

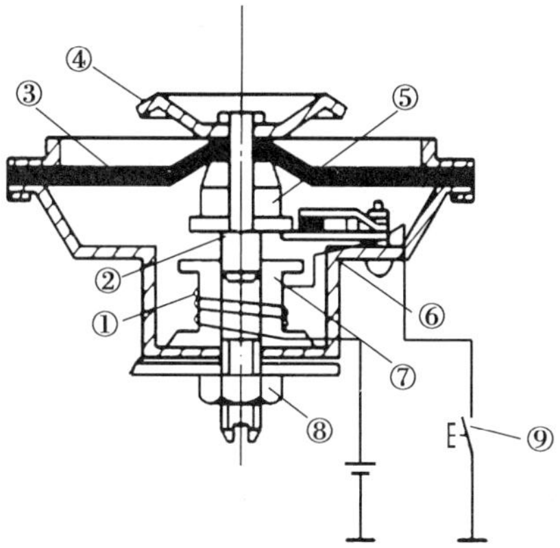

请从上图找出零件名称对应的数字序号,填写在表中对应位置。

名称	数字序号
共鸣片	
磁环线圈	
活动铁芯	
振动块	
膜片	

第四节　汽车仪表

一、填空题

1. ____________是为驾驶员提供汽车运行重要信息的装置,同时也是维修人员发现和排除故障的重要工具。

2. 一般汽车仪表有____________、电流表、____________、冷却液温度表、____________、转速表、车速里程表及____________等。

3. 电压表____________联在蓄电池两端,用来指示蓄电池的端电压。

4. 电流表____________联在蓄电池的充电电路中,用来指示蓄电池充电或放电的电流值。

5. 机油压力表的作用是指示发动机____________的机油压力和发动机____________的工作情况。

6. 水温表的作用是指示发动机水套中____________的温度。

7. 常用的水温表有____________和____________两类。

8. 电磁式水温表分为____________和____________两种。

9. 燃油表用来指示汽车油箱中的＿＿＿＿＿＿。燃油表由装在仪表板上的＿＿＿＿＿＿＿和装在燃油箱内的＿＿＿＿＿＿两部分组成。传感器一般为＿＿＿＿＿＿电阻式。

10. 燃油表分为＿＿＿＿＿＿和＿＿＿＿＿＿两种。

11. 发动机转速表用来测量发动机＿＿＿＿＿＿转速，转速表按其结构不同可分为＿＿＿＿＿＿和＿＿＿＿＿＿。

12. 车速里程表用来指示汽车＿＿＿＿＿＿和累计汽车＿＿＿＿＿＿。

13. 车速里程表按其工作原理可分为＿＿＿＿＿＿和＿＿＿＿＿＿两种。

14. 电子车速里程表电路主要由＿＿＿＿＿＿、＿＿＿＿＿＿、＿＿＿＿＿＿和＿＿＿＿＿＿4 部分组成。

15. 电子显示器件大致分为＿＿＿＿＿＿和＿＿＿＿＿＿两大类。

16. 发光型显示器件有＿＿＿＿＿＿（LED）、＿＿＿＿＿＿（VFD）、＿＿＿＿＿＿（CRT）、＿＿＿＿＿＿（PDP）和＿＿＿＿＿＿（ELD）等。

17. 非发光型显示器件有＿＿＿＿＿＿（LCD）和＿＿＿＿＿＿（ECD）等。

18. 阴极射线管（CRT）亦称为＿＿＿＿＿＿或＿＿＿＿＿＿，它是一种特殊的真空管。

二、单选题

1. 下列选项中不是电子式转速表获取转速信号的方式的是（　　）。

A. 从点火系统获取信号　　B. 从起动机上获取转速信号

C. 测取飞轮或正时齿轮的转速信号　　D. 从发电机上获取转速信号

2. 燃油表刻度盘上标示"0"表示油箱（　　）。

A. 无法检测油量　　B. 有半箱油　　C. 无油　　D. 满油

3. 当油箱注满时，下列说法错误的是（　　）。

A. 浮子上升到最高处　　B. 传感器电阻全部接入

C. 右线圈中的电流最小　　D. 电磁力达到最大

4. 下列属于发光二极管优点的是（　　）。

A. 工作电压低　　B. 响应速度快　　C. 工作稳定　　D. 以上都是

5. 安装在发动机主油道上，用来检测发动机主油道机油压力的仪表是（　　）。

A. 电压表　　B. 水压表　　C. 燃油表　　D. 机油表

6. 下列英文缩写中，表示阴极射线管的是（　　）。

A. CRT　　B. ELD　　C. LED　　D. VFD

7. 下列不属于汽车新增的电子显示功能的是（　　）。

A. 胎压监视　　B. 车速表　　C. HUD 抬头显示　　D. 疲劳驾驶提示

8. 发动机正常工作时冷却液温度一般应在（　　）。

A. 80 ~ 95 ℃　　B. 75 ~ 85 ℃　　C. 85 ~ 95 ℃　　D. 90 ~ 100 ℃

9. 机油压力表读数正常压力为(　　)。

A. 大于 150 kPa　B. 200 ~ 400 kPa　C. 300 ~ 500 kPa　D. 小于 500 kPa

10. 胎压低于驾驶员手册上推荐的冷胎胎压的(　　)时,PSB 便会警示驾驶员。

A. 10%　B. 15%　C. 25%　D. 50%

三、判断题

1. 电压表和电流表基本相同,都用来反映发电机的工作情况和蓄电池的充放电情况,所以一般车辆上两个表都必须装。(　　)

2. 充电指示灯用来显示充电系统工作状态。(　　)

3. 电流表用来指示蓄电池的充放电电流值,监视充电系统是否正常工作,在轿车上应用较多。(　　)

4. 有些车辆设置了机油压力报警灯后,就取消了机油压力表。(　　)

5. 磁感应式车速里程表因机械结构复杂、可靠性差逐渐被淘汰,电子式车速里程表已成为主流。(　　)

6. 电子仪表显示信息量少,视觉特性不好,易使驾驶员疲劳,准确率较低,应用越来越少。(　　)

7. 为确保车速表指示准确,汽车使用中应按规定对车速表进行检测。(　　)

8. 发光二极管发出的颜色有红、绿、黄、橙,可单独使用,也可用来组成数字。(　　)

9. 阴极射线管实际上是一种低压真空管,它由玻璃面板、阴极、栅格和阳极等构成。(　　)

10. 液晶是一种有机化合物,由长杆形分子构成,在一定的范围内,它具有普通液体的流动性质,也具有晶体的某些特征。(　　)

四、综合题

1. 电子式转速表按转速信号的获取方式不同可分为哪几种?

2. 相比传统仪表,电子仪表有哪些优点?

第五节　汽车警报装置

一、填空题

1. 汽车上的警报装置主要包括____________和____________两类。

2. 警报灯通常安装在仪表板上，功率为____________，在灯泡前设有滤光片，使警报灯发出____________光或____________光，滤光片上通常制有标准图形符号。

3. 在被监测系统或总成工作时提醒驾驶员注意的警报装置有____________、____________等。

4. 音响警报装置有____________、____________等，往往和灯光警报装置配合使用。

二、单选题

1. 该图为(　　)。

A. ABS 警告灯　　B. 安全气囊警告灯
C. 安全带警告灯　　D. 水温警告灯

2. 该图为(　　)。

A. 前雾灯信号指示灯　　B. 前位置灯信号指示灯
C. 远光信号指示灯　　D. 安全警告灯

3. 该图为(　　)。

A. 安全带指示灯　　B. 机油压力指示灯
C. 冷却液温度指示灯　　D. 发动机故障指示灯

4. 该图为(　　)。

A. 发动机温度警告灯　　B. 燃油油量指示灯
C. 冷却液温度指示灯　　D. 发动机故障指示灯

5. 该图为(　　)。

A. 刹车盘指示灯　　B. 驻车制动指示灯
C. ABS 指示灯　　D. 气囊指示灯

6. 下列哪一个图是机油压力过低警报灯？(　　)

A. 　　B. 　　C. 　　D. 

7. 仪表盘上远光指示灯的颜色为(　　)。

A. 黄色　　B. 蓝色　　C. 绿色　　D. 红色

8. 仪表盘上发动机故障灯颜色为(　　)。

A. 黄色　　B. 蓝色　　C. 绿色　　D. 红色

9. 仪表盘上警报灯和指示灯的颜色一般没有(　　)。

A. 白色　　B. 蓝色　　C. 绿色　　D. 红色

10. 下列警报装置是在被检测系统或总成工作时提醒驾驶员注意的是(　　)。

A. 机油压力警报灯　　B. 水温警报灯

C. 燃油液面警报灯　　D. 远光指示灯

11. 正常情况下,接通点火开关,灯亮 6 s 后灭的是(　　)。

A. 安全气囊警报灯　　B. 发动机故障警报灯

C. 转向指示灯　　D. 安全带警报灯

三、判断题

1. 汽车夜间开灯时,仪表上的远光指示灯亮。(　　)

2. 接通点火开关,制动防抱死失效警报灯亮 3 s 后熄灭,说明 ABS 电控部分有故障。(　　)

3. 燃油余量约在 10 L 以下时,燃油过少警报灯亮。(　　)

4. 发动机机油压力在 10 MPa 以下时,机油压力过低警报灯亮。(　　)

5. 安全带警报灯是红色的。(　　)

6. 发动机有故障时,发动机故障警报灯亮。(　　)

7. 部分上海桑塔纳轿车采用发光二极管作警报灯。(　　)

四、综合题

1. 下图为汽车仪表上的符号。

		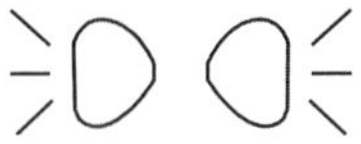		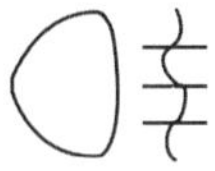
①	②	③	④	⑤

请从上图找出名称对应的数字序号,填写在表中对应位置。

名称	数字序号
示宽灯	
近光灯	
远光灯	
前雾灯	
后雾灯	

2. 下图为汽车仪表上的符号。

	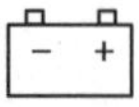			
①	②	③	④	⑤

请从上图找出名称对应的数字序号,填写在表中对应位置。

名称	数字序号
安全带未系警报灯	
前风窗除雾指示灯	
燃油不足警报灯	
充电指示灯	
驻车制动警报灯	

3. 下图是某汽车的仪表板及局部放大图。

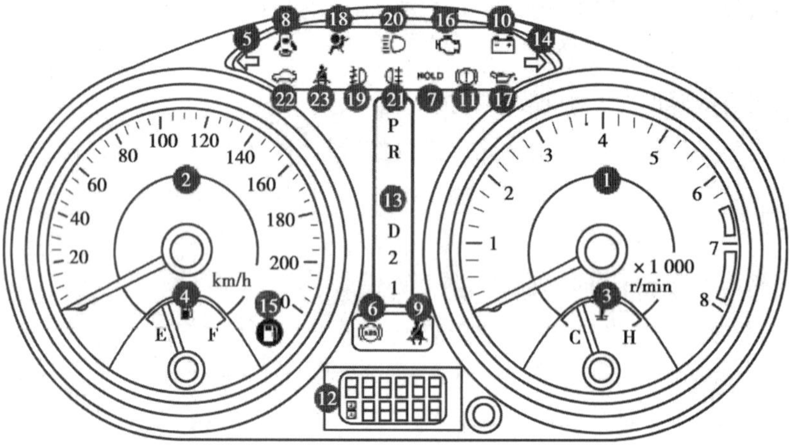

请从上图找出仪表或指示灯名称对应的数字序号,填写在表中对应位置。

名称	数字序号
发动机转速表	
车速表	
发动机水温表	
燃油表	
发动机故障指示灯	

第五章　辅助电气设备

教学目标

1. 了解电动刮水器、风窗清洗装置和除霜装置的作用、组成和工作原理。
2. 初步掌握电动刮水器、风窗清洗装置和除霜装置常见故障的诊断方法。
3. 了解电动车窗、电动座椅等电动辅助设备的作用、组成和工作原理。
4. 初步掌握电动车窗、电动座椅等电动辅助设备常见故障的诊断方法。
5. 了解防盗警报系统的功能和解除警报的方法。
6. 初步掌握智能钥匙的匹配方法。
7. 了解空调系统的作用、组成和工作原理。
8. 了解空调电控部分的作用、组成和工作原理。
9. 初步掌握空调系统常见故障的诊断方法。
10. 熟悉辅助电气设备有关零部件的结构。
11. 会用万用表、试灯等检测仪器检查有关线路和零部件。
12. 会用歧管压力计检查空调系统。

教学目标项目表

知识要点	认知要求		
	了解	熟悉	掌握
1. 电动刮水器、风窗清洗装置和除霜装置的作用、组成和工作原理	√		
2. 电动刮水器、风窗清洗装置和除霜装置常见故障的诊断方法			√
3. 电动车窗、电动座椅等电动辅助设备的作用、组成和工作原理	√		
4. 电动车窗、电动座椅等电动辅助设备常见故障的诊断方法。			√

续表

知识要点	认知要求		
	了解	熟悉	掌握
5. 防盗警报系统的功能和解除警报的方法	√		
6. 智能钥匙的匹配方法			√
7. 空调系统的作用、组成和工作原理	√		
8. 空调系统常见故障的诊断方法			√
9. 辅助电气设备有关零部件的结构		√	
10. 用万用表、试灯等检测仪器检查有关的线路和零部件			√
11. 用歧管压力计检查空调系统			√

第一节　风窗刮水、清洁设备

一、填空题

1. 清洗泵由一个____________和____________组成。

2. 风窗清洗可以保持风窗表面____________。

3. 后窗除雾一般采用____________的方式。

4. 雨刮电机正负电刷之间串联的电枢线圈个数越少，转速____________。

5. 电动刮水器主要由____________、____________、____________、____________和____________及刮片等组成。

6. 刮水器电动机有____________和____________两种。

7. 风窗清洗装置主要由____________、____________、____________、____________及____________等组成。

8. 永磁式刮水器电动机是利用 3 个电刷改变正负电刷之间串联的____________个数实现变速。

9. 前窗除雾主要采用____________方式。

10. 有的车型在清洗开关接通的同时使刮水器____________，改善清洁效果。

二、单选题

1. 汽车刮水器的自动停位器机构确保了刮水器工作结束时将雨刷停在风窗玻璃的(　　)。

A. 底部　　B. 上部　　C. 中部　　D. 两侧

2. 风窗清洗装置的组成部件中给清洗液加压的部件是(　　)。

A. 储液罐　　B. 清洗泵　　C. 输液管　　D. 喷嘴

3. 雨刮的间歇挡是通过(　　)控制的。

A. 熔断电阻　　B. 热敏电阻

C. 间歇继电器　　D. 滑动电阻

4. 雷克萨斯 LS400 轿车为了便于驾驶员根据需要调整刮水器的刮水角度,增设了(　　)。

A. 刮水高度继电器　　B. 刮水角度继电器

C. 刮水高度电动机　　D. 刮水角度电动机

5. 刮水器挡位里的 LO 表示(　　)。

A. 断开　　B. 高速　　C. 间歇　　D. 低速

6. 当关闭雨刮器开关时,雨刮片回到(　　)。

A. 最低位　　B. 终止位置

C. 初始位置　　D. 最高位

7. 雨刮器各个挡位都不工作,可能的原因是(　　)。

A. 间歇继电器故障　　B. 自动停位器故障

C. 熔断器断路　　D. 低速挡开关故障

8. 雨刮臂停止几秒自动刮水一次,刮水器所处的挡位是(　　)。

A. 点动挡　　B. 间歇挡

C. 低速挡　　D. 高速挡

9. 后风窗玻璃除霜的工作原理是(　　)。

A. 喷射清洗液冲洗　　B. 电热丝加热

C. 雨刮片刮除　　D. 暖风加热

三、判断题

1. 通过将刮水器开关置于不同的挡位,可实现刮水器的低速运转、高速运转及停机复位等功能。(　　)

2. 汽车刮水器的自动停位器机构确保了刮水器工作结束时将雨刷停在风窗玻璃的底部。(　　)

3. 晴天刮除挡风玻璃上灰尘时,应先接通刮水器,再接通洗涤器。(　　)

4. 间歇刮水器可利用可变电阻直接控制流向电动机的电流。(　　)

5. 刮水器的电动机利用 3 个电刷改变正负电刷之间串联的电枢线圈个数实现变速。(　　)

6. 刮水器电动机正负电刷之间串联的电枢线圈个数越少,转速越高。(　　)

7. 雨刮系统通过两个独立的电机实现高低速切换。(　　)

8. 雨刮系统通过两个继电器电路实现高低速切换。(　　)

9. 刮水器在间歇挡时，电机转速是不可调的。(　　)

10. 刮水器的高速挡和低速挡共用一个电机。(　　)

11. 刮水器的各挡位都不工作，则可以判断雨刮电机损坏，应更换雨刮电机。(　　)

12. 刮水器不能自动回位，则可以判断雨刮电机损坏。(　　)

13. 风窗清洗可以保持风窗表面洁净。(　　)

14. 风窗清洗装置由储液罐、输液管、喷嘴组成。(　　)

15. 清洗泵由一个永磁电机和液压泵组成。(　　)

16. 通常风窗清洗和雨刮系统联动使用。(　　)

17. 后窗除雾一般采用吹风的方式。(　　)

18. 前窗除雾主要采用加热的方式。(　　)

四、综合题

1. 下图为后窗除霜(雾)装置的示意图。

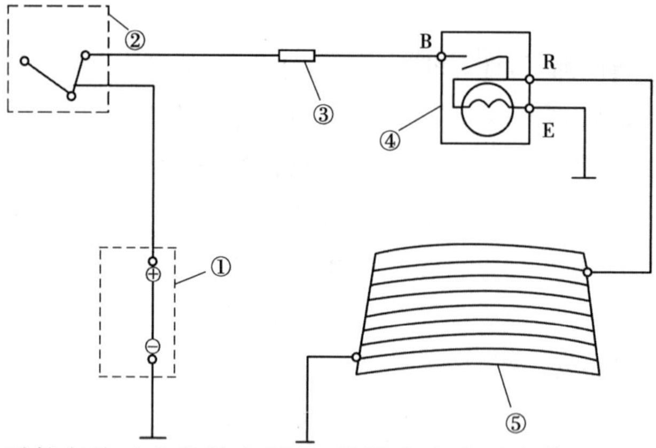

请从上图找出零件名称对应的数字序号，填写在表中对应位置。

名称	数字序号
熔断器	
除霜器开关及指示灯	
蓄电池	
除霜器(电热丝)	
点火开关	

2. 下图为永磁式双速刮水器控制线路示意图。

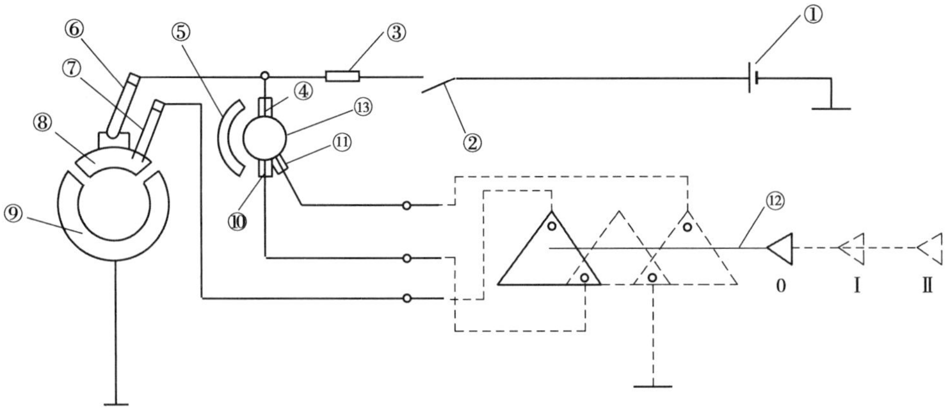

请从上图找出零件名称对应的数字序号,填写在表中对应位置。

名称	数字序号
永久磁铁	
刮水器开关	
电刷	
自动复位滑片	
熔断器	
蓄电池	
电源开关	
自动复位触片	
电枢	

3. 下图为风窗清洗装置的示意图。

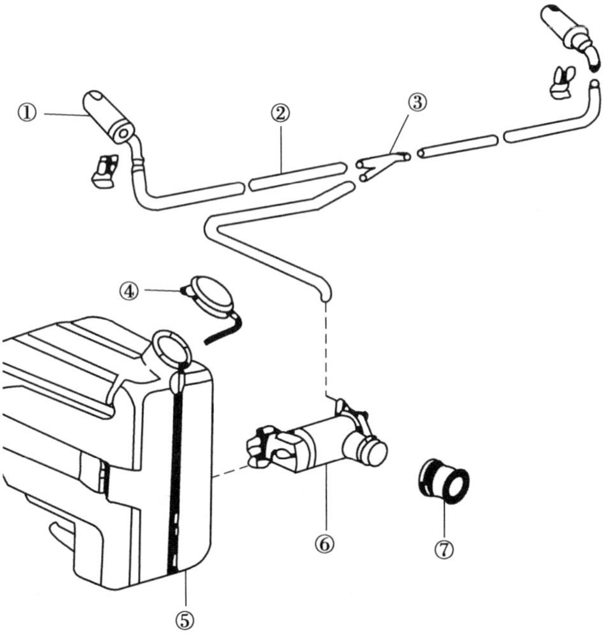

请从上图找出零件名称对应的数字序号，填写在表中对应位置。

名称	数字序号
输液管	
清洗泵	
衬垫	
箱盖	
喷嘴	
储液罐	
接头	

第二节　电动辅助装置

一、填空题

1. 电动车窗利用____________驱动玻璃升降器(又称____________)实现车窗玻璃升降。

2. 电动座椅又称____________，即用____________调整的座椅。

3. 电动后视镜由____________、电动机、____________和____________等组成。

4. 电动天线由____________、电动机、继电器、__________和____________等组成。

5. 电动座椅最普通的形式是使用____________电动机实现座椅 6 个不同方向的位置调整：上、下、前、后、____________、____________。

6. 电动车窗采用永磁式电动机时，开关控制电动机的____________、____________。

7. 不同汽车会采用不同的电动车窗控制电路，按电动机类型分为____________和双绕组串励式两种。

8. 采用双绕组串励式电动机时，电动机一端直接____________，电动机有两组磁场绕组，通过接通__________的磁场绕组，使电动机的转向不同，实现车窗的__________。

9. 当座椅控制开关置于____________或下的位置时，____________与后高度调整电动机同时旋转。

10. 电动座椅完全不工作的主要原因有熔断器断路、线路断路、____________有故障等。

二、单选题

1. 电动座椅由座椅开关、电动机、传动和(　　)、控制装置等组成。

A. 内转子电机　　B. 执行机构　　C. BCM 电脑　　D. 自动座椅

2. 电动门锁的作用是借助电动机或(　　)使车门锁住或打开。

A. 电磁铁　　B. 电磁线圈

C. 敏感传感器　　D. 门锁传感器

3. 电动后视镜由(　　)、电动机、传动和执行机构等组成。

A. 齿轮　　B. 调整开关

C. 镜片　　D. 滑动支架

4. 电动天线由开关、电动机、(　　)、减速机构和天线等组成。

A. 传感器　　B. 滑动电阻

C. 继电器　　D. 保险

5. 电动天线是通过(　　)控制天线的升降。

A. 传感器　　B. 电脑　　C. 电动机　　D. 开关

6. 电动后视镜可以使驾驶员通过(　　)对后视镜的后视角度进行随意调节。

A. 车身电脑　　B. 中控开关

C. 高度调节器　　D. 电动机

7. 有些轿车的(　　)系统设有储存器,具有储存功能。

A. 电动门锁　　B. 后视镜

C. 电动座椅　　D. 电动车窗

三、判断题

1. 采用永磁式电机时,电动机直接搭铁,电动机的搭铁受开关控制,通过改变电动机的电流方向,改变电动机的转向,从而实现车窗的升降。(　　)

2. 采用永磁式电动机时,开关只控制电动机的电源线。(　　)

3. 电动座椅又称自动座椅,即用电动机调整的座椅。(　　)

4. 电动座椅由座椅开关、电动机、传动和执行机构、控制装置等组成。(　　)

5. 座椅开关通过控制电动机的搭铁,使 3 个电动机按所需方向旋转。(　　)

6. 当座椅控制开关置于上或下的位置时,前与后高度调整电动机同时旋转。(　　)

7. 有些轿车的电动座椅系统设有储存器,具有储存功能。(　　)

8. 电动座椅的某个方向不能工作的主要原因是该方向对应的电动机损坏、开关、连接导线断路。(　　)

9. 电动门锁的作用是借助电动机或电磁铁使车门锁住或打开。(　　)

10. 电动门锁由门锁开关、电动机(或电磁铁)、传动和执行机构等组成。(　　)

11. 每辆汽车电动门锁的功能和控制电路相同。(　　)

12. 最简单的中控门锁遥控器就是一个发射器,它以电磁波的形式只发出锁门指令。(　　)

13. 电动后视镜由调整开关、电动机、传动和执行机构等组成。(　　)

14. 电动天线是通过电动机控制天线的升降。(　　)

15. 驾驶员侧电动车窗开关不能控制后排车窗玻璃的升降。(　　)
16. 电动车窗通过电动机驱动玻璃升降器。(　　)
17. 电动车窗主要由玻璃升降器、电动机、开关等组成。(　　)
18. 电动座椅可以实现左右方向的调节。(　　)

四、综合题

1. 下图为用永磁式电动机的电动车窗控制电路图。

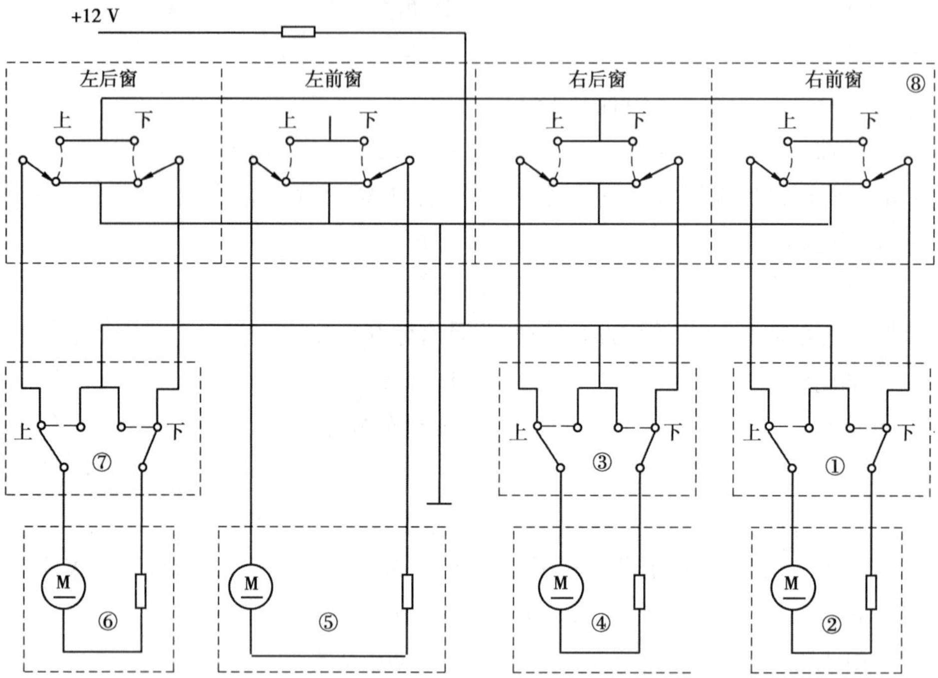

请从上图找出零件名称对应的数字序号,填写在表中对应位置。

名称	数字序号
驾驶员主控开关组件	
左后车窗电动机	
右前车窗开关	
右后车窗电动机	
右后车窗开关	
左后车窗开关	
右前车窗电动机	
左前车窗电动机	

2. 下图为电动车窗齿扇式升降器的示意图。

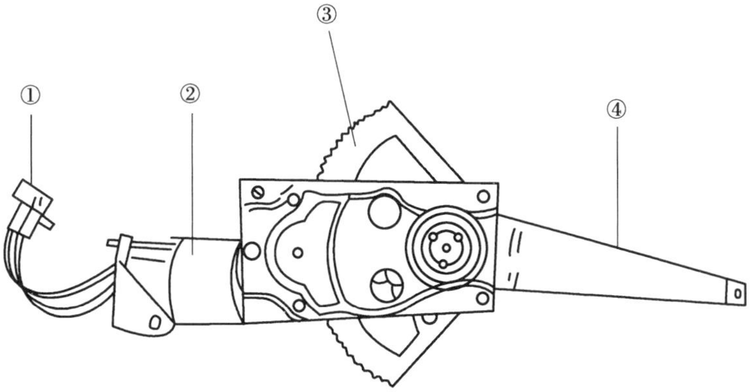

请从上图找出零件名称对应的数字序号，填写在表中对应位置。

名称	数字序号
电动机	
电缆接头	
齿扇	
推力杆	

3. 下图为有存储功能的电动座椅系统示意图。

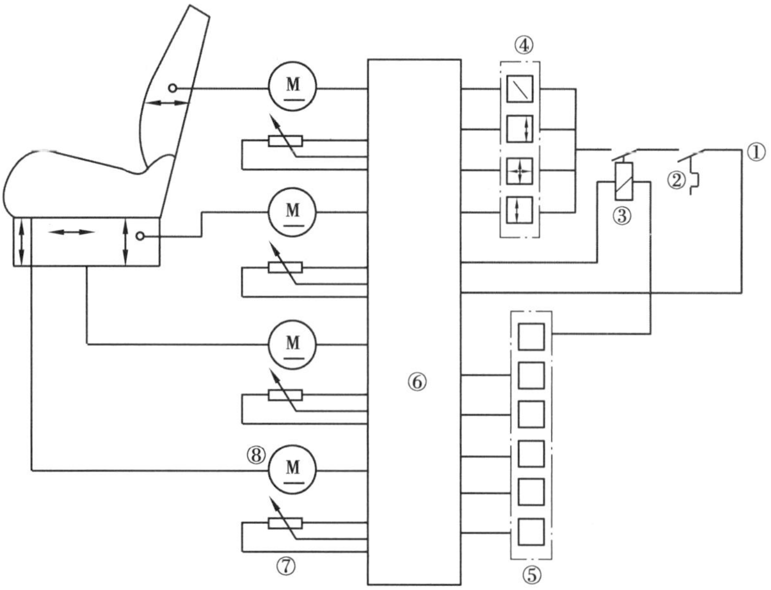

请从上图找出零件名称对应的数字序号，填写在表中对应位置。

名称	数字序号
热过载保护	
位置传感器	
控制单元	
接蓄电池	
主继电器	
手动调整开关	
储存器操作开关	
电动机	

4. 下图为电动天线系统示意图。

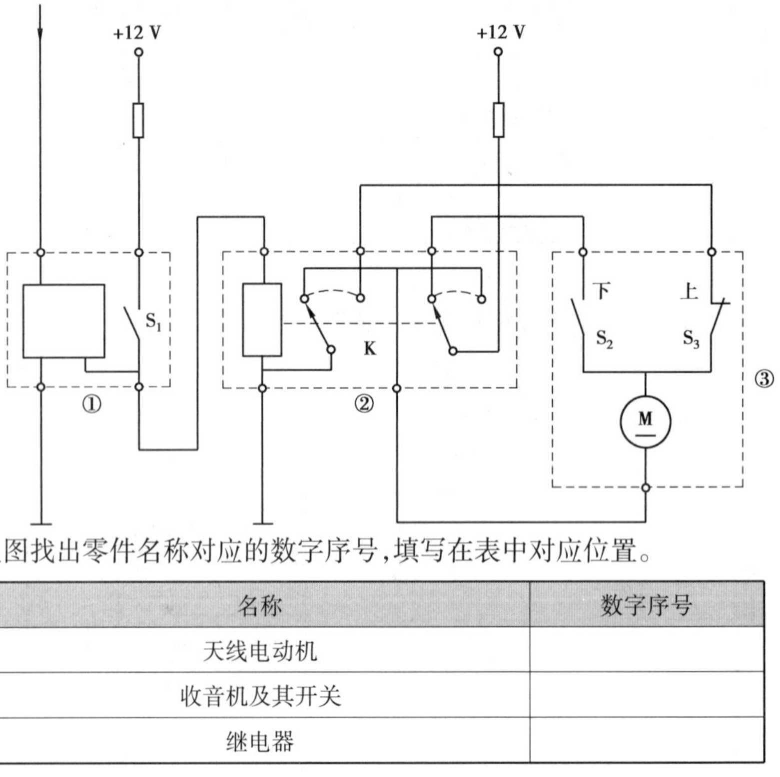

请从上图找出零件名称对应的数字序号，填写在表中对应位置。

名称	数字序号
天线电动机	
收音机及其开关	
继电器	

第三节　汽车电子防盗警报系统

一、填空题

1. 汽车电子防盗警报系统中的电子控制单元（ECU）包括警报设置、状态检测、____

________、__________和警报控制电路等。

2. 汽车防盗警报系统主要由智能钥匙、__________和__________等部分组成，由指示灯指示系统的工作状态。

3. 如果防盗警报系统不能设定，应首先检查各__________、门锁电动机、________等与设定功能有关的传感器及其线路，然后检查微机控制单元及其配线。

4. 钥匙匹配过程又称为钥匙学习过程，有两种类型，一种是__________，另一种供给__________。

5. 防盗系统设定需要__________所有车门，__________发动机罩盖和行李箱门，从点火开关锁芯中拔出钥匙。

6. 防盗警报系统常见故障有系统不能设定、__________、__________等。

二、单选题

1. 收发线圈安装在(　　)上，通过一定长度的导线与防盗 ECU 相连。

A. 门锁开关　　B. 点火锁芯　　C. 防盗线圈　　D. 防盗模块

2. 每把智能钥匙中都有一只很小的棒状转发器，内含运算芯片和细小的电磁线圈来完成(　　)和能量的传递。

A. 检测　　B. 信号　　C. 数据　　D. 状态

3. 防盗警报系统故障的主要原因有传感器故障、控制线路连接不良、执行机构和(　　)有故障等。

A. 微机控制单元　　B. 保险　　C. 继电器　　D. 钥匙

4. 钥匙匹配过程又称为(　　)。

A. 钥匙进入过程　　B. 钥匙装配过程　　C. 钥匙学习过程　　D. 钥匙维护过程

5. 只有使用与汽车(　　)控制单元匹配的钥匙，发动机才能起动。

A. GW 模块　　B. 车身稳定模块　　C. 防盗模块　　D. 无钥匙进入模块

6. 为了提高安全性，学习模式被启动后，必须在(　　)内完成单把钥匙的匹配。

A. 50 s　　B. 60 s　　C. 45 s　　D. 30 s

7. 如果钥匙匹配期间发生错误，防盗 ECU 会在(　　)内重复执行匹配过程直到该钥匙匹配成功。

A. 1 s　　B. 4 s　　C. 3 s　　D. 2 s

8. 防盗 ECU 有特定的 14 位识别码以及(　　)位密码。

A. 6　　B. 5　　C. 4　　D. 3

三、判断题

1. 防盗警报系统常见故障有系统不能设定、警报装置工作不正常、防盗功能正常清除等。(　　)

2. 如果防盗系统不能设定，应首先检查灯光喇叭等执行机构的熔断器线路是否正

常，然后检查执行机构有无故障，最后检查微机控制单元及配线。(　　)

3. 如果警报装置工作不正常，应首先检查各门控开关是否正常，然后检查点火开关及其线路，最后检查危机控制单元及其配线。(　　)

4. 汽车防盗警报系统的智能钥匙中有棒状转发器，完成信号和能量传递。(　　)

5. 打开行李厢门，可以解除防盗系统警报。(　　)

四、综合题

下图为电子防盗警报系统示意图。

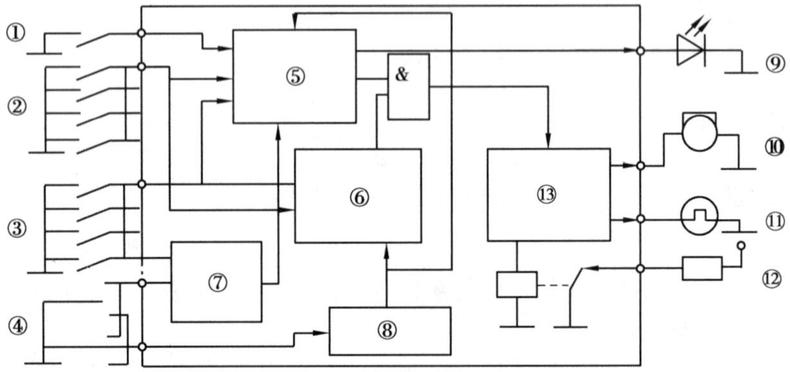

请从上图找出零件名称对应的数字序号，填写在表中对应位置。

名称	数字序号
开门开关	
LED 指示器	
警报器	
警报灯	
钥匙操作开关	
钥匙存在开关	
起动断电器	
警报设置电路	
锁门开关	
状态检测电路	
定时器	
解除警报电路	
警报控制电路	

第四节　空调系统

一、填空题

1. 汽车空调系统主要包括____________、____________和通风装置 3 部分。

2. 空调制冷系统一般采用以____________为制冷剂的蒸气压缩式封闭循环系统。

3. 空调制冷系统主要由压缩机、____________、储存液干燥罐、膨胀阀、__________等组成的循环部分和电控部分组成。

4. 采暖装置根据供热热源的不同，可分为____________和独立式两种。

5. 压缩机的作用是维持制冷剂在系统中循环并提高气态制冷剂的____________和____________，便于气态制冷剂在冷凝器中凝结成____________，对外放出热量。

6. 汽车空调的通风方法有____________和____________两种。

7. 冷却风扇除了使____________散热，另一个作用是给发动机__________散热。

8. 空调制冷循环系统的检查可以采用____________、____________、____________、____________的方法进行。

9. 空调系统常用的检漏方法有____________、____________、____________、____________等。

二、单选题

1. 制冷剂流经膨胀阀后的状态是(　　)。

A. 低压气态　B. 高压气态　C. 低压液态　D. 高压液态

2. (　　)用来控制空调压缩机和驱动带轮之间的连接。

A. 电磁离合器　B. 压缩机　C. 高压开关　D. 低压开关

3. 自动空调不需要收集哪个传感器的信号？(　　)

A. 水温传感器　B. 车外温度传感器

C. 发动机转速传感器　D. 车内温度传感器

4. 空调系统常见故障不包括(　　)。

A. 风量不足　B. 制冷温度太低　C. 系统不制冷　D. 系统噪声太大

5. 从空调压缩机出来的是(　　)气态制冷剂。

A. 高温高压　B. 高温低压　C. 低温高压　D. 低温低压

6. 以下哪种情况说明制冷剂不足？(　　)

A. 视液镜几乎透明　B. 水分指示器呈淡红色

C. 制冷剂呈露状　D. 制冷剂有气泡

7. 用下列哪个仪器可以测量系统压力，判断整个制冷系统密封情况、制冷剂是否适

量、有无空气等?（　　）

A. 温度计　　B. 检漏仪

C. 歧管压力计　　D. 高压表

8. 采暖装置根据供热的(　　)不同,可分为非独立式和独立式两种。

A. 冷暖　　B. 热源　　C. 光源　　D. 温度

三、判断题

1. 通风装置的工作方法只有自然通风一种。(　　)
2. 从空调蒸发器出来的是低温低压气态制冷剂。(　　)
3. 在空调制冷系统中,制冷剂越多,制冷能力越强。(　　)
4. 冷凝器的作用是吸收车厢内气体热量。(　　)
5. 湿度传感器一般安装在汽车外部,以监测车外空气的湿度。(　　)

四、综合题

1. 下图为空调制冷系统循环部分的示意图。

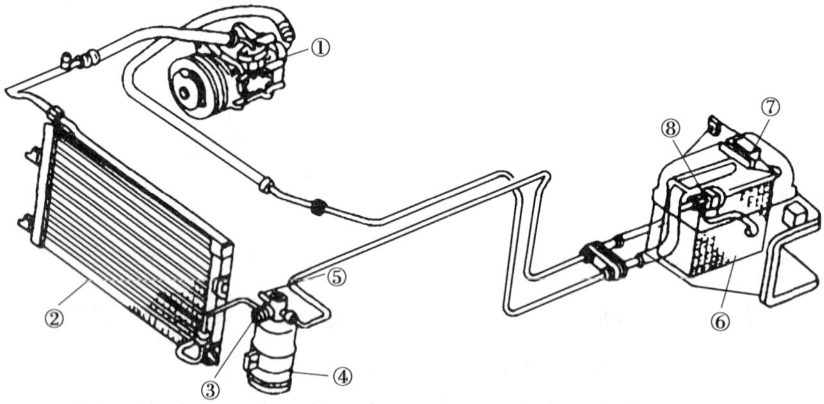

请从上图找出零件名称对应的数字序号,填写在表中对应位置。

名称	数字序号
冷凝器	
储液干燥罐	
低压开关	
高压阀	
热控开关	
膨胀阀	
压缩机	
蒸发器	

2. 下图为凌志 LS400 轿车空调送风系统及有关传感器在车上的位置示意图。

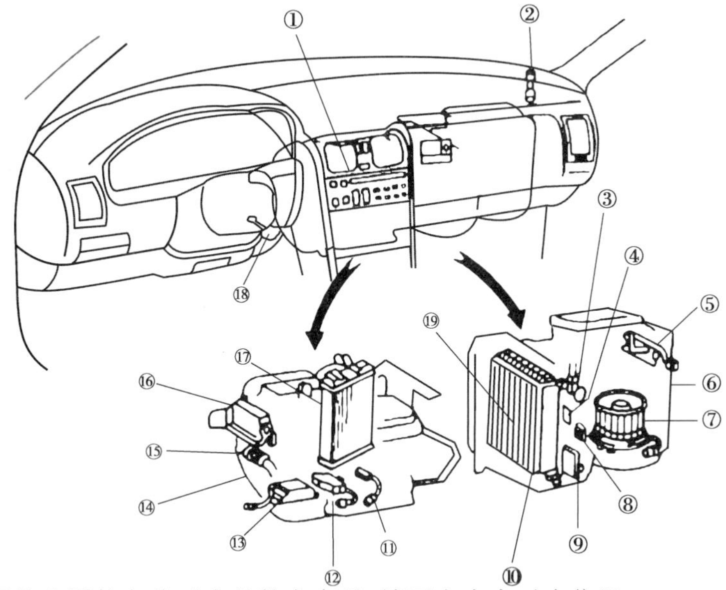

请从上图找出零件名称对应的数字序号,填写在表中对应位置。

名称	数字序号
冷却和送风机组件	
膨胀阀	
功率管	
送风机电阻	
空调器控制部件	
方式伺服电动机	
取暖器散热器	
水温传感器	
室温传感器	
蒸发器温度传感器	
日照传感器	
进气伺服电动机部件	
送风机电动机	
超高速继电器	
蒸发器	
空气混合伺服电动机部件	
最大冷却伺服电动机	
抽风机	
取暖器组件	

第六章　全车线路

教学目标

1. 了解汽车电气设备总线路的概念、组成及特点。
2. 了解汽车线束的种类和更换注意事项。
3. 了解开关的种类和作用。
4. 了解各种电路保护装置的应用。
5. 了解各种汽车电路图的特点。
6. 会读各种汽车电路图。
7. 会检查各种开关和电路保护装置。

教学目标项目表

知识要点	认知要求		
	了解	熟悉	掌握
1. 全车线路的概念	√		
2. 全车线路的组成及特点	√		
3. 汽车线束的种类和更换注意事项	√		
4. 开关的种类	√		
5. 开关的作用	√		
6. 各种电路保护装置的应用	√		
7. 汽车电路图的特点	√		
8. 识读各种汽车电路图			√
9. 检查各种开关和电路保护装置			√

第一节 汽车电气设备总线路的组成

一、填空题

1. 汽车电气设备总线路和一般电路一样，也是由电源、__________、__________、__________、__________等组成。

2. 汽车电气设备的连接导线一般由__________外包绝缘层构成。

3. 连接导线有__________和__________两种，__________主要是指点火系统次级电路中连接点火线圈、配电器和火花塞之间的导线，其他元件之间都是__________。

4. 为保证机械强度，连接导线的截面积最小不得低于__________。

5. 2.5RY 表示截面积为__________，带有__________条纹的__________色低压导线。

6. 为了提高接线速度，减少接线错误，很多汽车低压线路中采用__________，它由__________和__________两部分组成。

7. 旋转式开关主要用作__________和__________等。

8. 推拉式开关主要用于控制__________和__________。

9. 负荷不大的电路中，使用的保险装置是__________。

10. 双金属电路断电器按是否自动复位分为__________和__________两种。

11. 汽车上的继电器可分为__________和__________。

12. 继电器标称电压有__________和__________两种。

13. 低压导线上标注有“1.5R”，表示导线的截面积为 1.5 __________。

二、单选题

1. 电器装置搭铁线一般采用(　　)色导线。

A. 红　　B. 蓝　　C. 黑　　D. 绿

2. 为保证导线有足够的机械强度，规定截面积不能小于(　　)。

A. $0.5\ mm^2$　　B. $0.8\ mm^2$　　C. $1.0\ mm^2$　　D. $0.25\ mm^2$

3. 黄色低压导线的用途是(　　)。

A. 外部照明和信号系统　　B. 电源系统

C. 点火、起动系统　　D. 车身内部照明系统

4. 代号“R”的低压导线的用途是(　　)。

A. 外部照明和信号系统　　B. 车身内部照明系统

C. 电源系统　　D. 点火、起动系统

5. 汽车低压导线上标注的数字表示(　　)。

A. 导线的截面积　　B. 导线的长度
C. 导线的直径　　D. 导线的半径

6. 易熔线主要保护(　　)。
A. 电源　　B. 用电设备　　C. 开关　　D. 大电流电路

7. 汽车电路开关中一般采用旋转式开关的是(　　)。
A. 电动车窗开关　　B. 顶灯开关
C. 点火开关　　D. 倒车灯

8. 推拉式照明总开关通常采用的保险装置是(　　)。
A. 熔断器　　B. 易熔线
C. 双金属电路断电器　　D. 单金属电路断电器

9. 低压线导线截面积的选择取决于(　　)。
A. 电流大小　　B. 电压大小
C. 蓄电池容量　　D. 发动机排量

10. 汽车电气系统采用的连接导线是(　　)。
A. 铝质多丝软线　　B. 铁质多丝软线
C. 银质多丝软线　　D. 铜质多丝软线

11. 当电路过载或短路时,起到保护电路的元件是(　　)。
A. 熔断器　　B. 继电器
C. 开关　　D. 导线

三、判断题

1. 导线插接器在拆卸时,允许直接拔出。(　　)

2. 易熔线损坏后,可用相应粗细的导线代替。(　　)

3. 汽车导线分低压线和高压线两种。(　　)

4. 为了防止过载和短路时用电设备和导线因电流过大被烧坏,在电源与用电设备之间串联有保护装置。(　　)

5. 熔断器为一次性元器件。(　　)

6. 为了使汽车上繁多的高压线整齐美观不凌乱,通常将同方向的高压线包扎成束,称为线束。(　　)

7. 不同车型的高压线的阻值不同。(　　)

8. 双金属电路断电器不会自动恢复。(　　)

9. 车上的继电器一般不能互换。(　　)

10. 汽车灯光开关一般为组合式开关。(　　)

11. 汽车上各种导线的截面积规格一致。(　　)

四、综合题

1. 简述传统点火开关的 4 个接线柱连接情况和工作挡位的关系。

2. 灯光开关的 3 个挡位分别是什么?

第二节 汽车电气设备总线路图

一、填空题

1. 汽车电路图有__________、__________、__________、__________4 种。

2. 接线图是一种专门用来标记__________和__________的实际位置、色码、线型等信息的指示图,专门用于检修时寻找__________、__________及线路复原,并不论及所连电器的工作原理及型号。

3. __________是能反映线束走向和有关导线颜色、接线柱编号等内容的线路图。

4. 电路原理图是按规定的图形符号,把仪表及各种电气设备,按__________,由上到下合理地连接起来,然后再进行__________形成的电路图。

5. 阅读接线图、线路图、电路原理图时,一般要先找到__________和__________,然后按照开关、熔丝、用电器(或开关)、搭铁的次序运用所学知识进行原理分析。

6. 在电路原理图中,在图面上往往有多条火线和搭铁线,其中一条为常火线,用“__________”表示,直接接__________,不受任何开关控制。

7. 有一条火线受点火开关控制,只有当点火开关接通后,该火线才有电,用“__________”表示。